業界で噂の劇薬裏技集

不動産大技林

全宅ツイ
（全国宅地建物取引ツイッタラー協会）
［著］

KKベストセラーズ

この本を手にした者よ。
74の不動産大技林を身につけたとき
すべての不動産はおまえに微笑むだろう。

不動産の世界はしばしば海に例えられる。
遠い過去から今に至るまで、腕利きの船乗りたちがこの海に挑み、
荒波に浚われて藻屑になっていった。

長い嵐。船員同士で反目し合う者。

月の出ない夜。セイレーンの美声に惑わされる者。

果てのない乾き。遠い水平線に現れた蜃気楼に歓喜し滂沱する者。


不動産に魅入られ、不動産に挑戦した者の多くが海の底へと沈んでいった。


それでもなぜ人はこの海に挑むのか。

そこには見たこともない財宝がそこかしこに眠っているからだ。

人ひとりの人生を容易に、それもごく短い期間にひっくり返すことができるほどのお宝がそ

こには確実に存在する。

本書は、荒々しくも魅力に満ちた不動産業界という大海を渡り、財宝を発見するための航海術を記した辞典である。

今日もどこかの海にいる、名も無き不動産航海士による裏技「ウル技（テク）」が惜しげもなく披露されている。

ここに収録されたウル技が、いつかあなたの航海を救うことになるかもしれない。

ただし、もし本書のウル技を利用して捕まってたとしても、「この本で読んだのでやりました」とは決して言わないでいただきたい。

なぜなら、本書籍を出版する不動産ツイッタラー集団・全宅ツイとしては、本書籍に掲載されている行為を推奨するものではなく、その遵法性等についても保証しないからです。みんないい大人なんだから、やっていいことと悪いことの境目はわかるよね。頼むよほんと。

令和元年10月吉日

全国宅地建物取引ツイッタラー協会　通称　**全宅ツイ**

業界で噂の劇薬裏技集
不動産大技林
目次

納得できない商慣習を超えていく技
【賃貸管理・大家編】

失われたコンプライアンスの欠片を使う技

【売買仲介・買取再販編】

別れても大丈夫!
さぁ!
ワンルーム
別れ
ワンルーム
同棲
広めの2L
あの…
イエイエ…お気になさらす!

がんばれ
出来る
もっと
あきらめるな

【開発・建築編】

街の風景を変えるほどダイナミックな大技

【本書の使い方】

本書はツイッター上で、多くの不動産航海士たちから集められたウル技を、「賃貸管理／大家」「売買仲介／買取再販」「開発／建築」と3つのブロックに分けた上で、全宅ツイの幹部メンバーたちが検証・解説するものである。

ツイッター

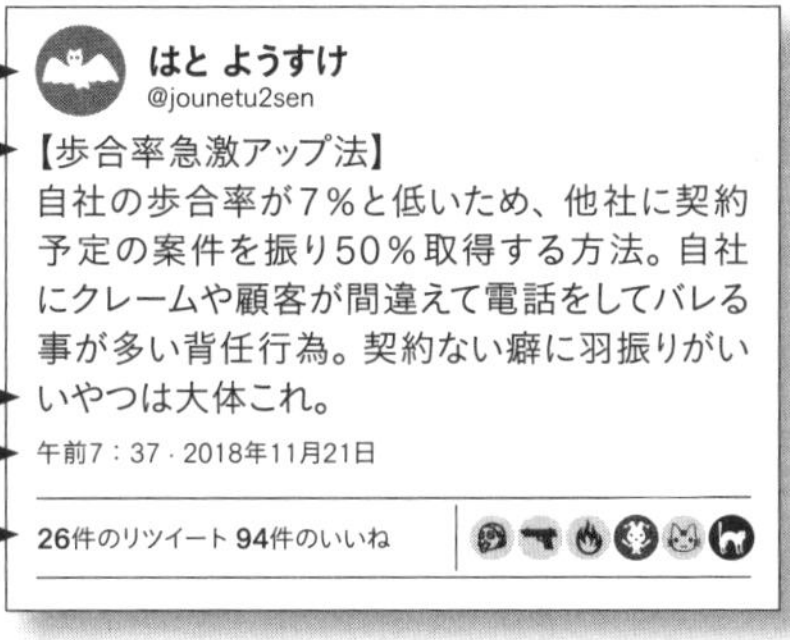

はと ようすけ
@jounetu2sen
【歩合率急激アップ法】
自社の歩合率が7%と低いため、他社に契約予定の案件を振り50%取得する方法。自社にクレームや顧客が間違えて電話をしてバレる事が多い背任行為。契約ない癖に羽振りがいいやつは大体これ。
午前7：37 · 2018年11月21日
26件のリツイート 94件のいいね

① 投稿者
ウル技を投稿した不動産航海士

② 投稿内容
ウル技の説明。【 】内は技名

③ 投稿日
ウル技が報告された日時

④ 反応
技に対する他の航海士たちの反応

ウル技レベル

難易度 ★★★★☆
知名度 ★★★☆☆
応用度 ★★★★☆
被ダメージ ★★★★☆
ウル技度
B

① 難 易 度
物理的・心理的に実行するのが難しい技ほど★の数が多い

② 知 名 度
その存在自体が広く知られている技ほど★の数が多い

③ 応 用 度
派生技・合わせ技に展開可能な技ほど★の数が多い

④ 被ダメージ
使用によって受けるダメージが大きい技ほど★の数が多い

⑤ 総合レベル
①〜④を中心に様々な要素を鑑みた結果としての総合ウル技度をS＞A＞B＞Cで格付け。
※Aに近いBは「B+」と表記

ない商慣習を超えていく技

理・大家編】

大手デベロッパー、大家、
地主、ブローカー、地場管理会社の５人が
それぞれの立場で奥深き賃貸の世界を
語りつくす賃貸管理・大家編。
みんな大好き事故物件、いまいち納得が
できない商慣習の話が盛りだくさん。

全宅ツイ担当メンバー

デ	デベ夫人 @devemistress 天上大家、雨漏りはしない。都内のSクラスビルや高級賃貸マンションを貸しています。
ど	どエンド君 @mikumo_hk 底辺大家、年間5回くらい雨漏りする。貸してる水路スナックの床が抜けてお客が落ちました。
ま	まゆずみ君 @NekoMur 地方地主、領土のはしからはしまで歩くのに三日かかる。嫌いな店子には銀杏攻撃。
赤	赤すぐり @aka_suguri 錦糸町を愛する女。墨田区の地場管理会社で地主の心をグリップしてます。
D	DJあかい @aka1you かつて伝説の物件をPMとして担当した現ブローカー。今もたまに管理やってます。大家もやってます。

ウル技
×19

納得でき
【賃貸管

ウル技 #01

てるバレ防止技

―大家なら致命傷を避けろ―

【賃貸管理・大家編】

近隣住民が異臭で騒いだときにはすでに手遅れ……

どエンド君
@mikumo_hk

【てるバレ防止技】
オレのアパートから異臭が…！ そんな時、あわてて110番すると近所中にサイレンで異変を知らせて、大島てる投稿されるけれど、最寄りの交番に電話して「静かに来てくれ！」と言えば助かるぞっ

午前7：46 · 2018年11月21日

201件のリツイート　379件のいいね

難易度	★☆☆☆☆	ウル技度 C
知名度	★★★☆☆	
応用度	★★★★☆	
被ダメージ	★☆☆☆☆	

人生の末路は人それぞれ

ど：ぼくが書いたやつですね。友達の大家の実話です。人が生き死にする場所を貸すのが大家という商売だけに、こういう事故はもう、しゃーないですよね。ちなみに所有物件が大島てるに載っちゃったこともあります（涙）。

赤：うちの管理物件なんか入居者が爆死したことがあって。その時は部屋中に肉片が飛び散っちゃっているので、自社清掃なんか絶対無理！ その時は特殊清掃をお願いして、さらにフルリフォームをして大変でした。爆発前の家賃は20万円だったけど、爆発後は18万円くらいまで下げました。でもあんまり気にしないおじさんが借りてくれて、２回更新した後は普通に貸してます。

ど：爆死のわりにけっこうダメージ小さいですね（驚）。

赤：駅近くで場所がよかったからかな。他には入居者がベッドの上で溶けちゃってたケースも。そっちは駅から15分のワンルーム。家賃４万円を２万円まで下げたけど決まらず。次の借り手が決まるまで大変でした。

事故のダメージは立地次第

ど：もともとが安いと値下げのインパクトがあまり出ないもんね。

赤：生活保護の人なら、とも思いましたけど最大５万３千

てるにも載ってない…みたいなケースはこのように隠蔽されてるのだろうか…。

「静かに」と伝えればバレにくい。

円扶助がもらえるから、あえてそんなに安いとこに住んでくれる人がいなくて。

ど：やっぱり不動産は立地なのかな。木賃アパートじゃなくて、ピカピカの天上物件でも死ぬときは死にますよね？

デ：死ぬ死ぬ。○○（超有名なあのビル）や□□（超みんなが知ってるビル）でも自殺とかで人が死んでるけど、うちは自ら貸主として契約するから、そもそも重要事項説明の必要がないの。なので、告知するしないでそもそも悩んだりしないなー。

ど：家賃への影響はありますか？

デ：社内でも大島てるとか知らない人の方が多いし、借りる法人側もそんなの聞いてくることがないから賃料にもまったく影響ないな。虎ノ門のあのビル［※］みたいにヒドい刃傷沙汰で有名になったら、少しは影響あるのかもしれないけど……。

ど：やっぱり不動産は立地なのか……。（5分ぶり2回目）

［※］【商船三井ビルディング】２０１５年、元プロボクサーの大学院生が妻を乱暴されたと思い込み、弁護士を殴ってチンコを園芸用バサミで切断。そのままトイレに流すという痛ましい事件が起こりました。

ウル技 #02

ロフト大好き法

―ようこそオシャレな都会・TOKYOへ―

あばたもえくぼ アパートなら… 不便もロフト!?

おしゃべりゴリラbot
@oshaberi_gorira

【ロフト大好き法】
1月から3月初旬に上京する学生や新社会人に、余り気味なロフトAD200で決める技。宿を取って決めに来てる一人暮らし初めての学生に、ロフトの15㎡平成築をオススメするのだ！ なお、夏にはロフト飽きる模様。

午前7：54・2018年11月21日

25件のリツイート　62件のいいね

難易度	★★☆☆☆	ウル技度 B
知名度	★★★★★	
応用度	★★★☆☆	
被ダメージ	★★★☆☆	

夫婦喧嘩に勝つ秘策もロフトにあり

デ：ちょっと前の話なんだけど、私が新婚当初に住んでたマンションがけっこう広いロフト付きの部屋だったの。寝室代わりというか、そこにマットレス敷いて寝てたんだよね。最初はロフトっておしゃれな感じがしていたんだけど、夫婦喧嘩した翌日とかはここが戦場になる。ダンナより先に起きて、ハシゴを外すイタズラとかして仕返ししてた。後から起きたダンナはか弱い声で「おーい……。あのー……」みたいな。文字通り「ハシゴ外し」の夫婦喧嘩技（笑）。

ど：はい。夫人らしからぬ可憐なエピソード、ありがとうございました。

ロフトはオシャレ！ 異論は認めない

赤：ロフト大好き法！ これ、めっちゃわかりますね。上京して来て荷物ゴロゴロしてる子が、今日1日で決めないといけない。そんな時こそおしゃれと勘違いされるロフトが効く。ほぼ百発百中で決まります。その上、AD200［※］ついてたらよだれがでちゃう……。

ど：僕、ロフトのある部屋たくさん持ってるんですが、正直どうですか？

赤：ロフトなんて何がいい？ 熱が出たときに昇り降りできるのとか思ったら（笑）。元気なときはいいけどね。

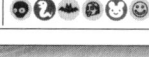

昔は…○○と猫は高いところが好き 今は…田舎者と学生はロフトが好き

こちらは東京で一番高いロフトなんですよ〜
どーです!?
はあ…

ロフトからの眺望は果たして……。

まあ、だいたい更新しませんよ。

ど：……。

赤：平たいとこに行きたい。一度住んだ人なら「16㎡＋ロフトより20㎡のワンルームに行きたい」と言って去っていきます。

ど：20㎡×4部屋より16㎡×5部屋にした方が、ちょっとでも早くローンが返せるんじゃないかと思ってしまい申し訳ありませんでした。

赤：こういうのは、土地のある大きな平屋住まいの田舎の若者にしか訴求できない。

デ：実家が平屋で階段に憧れのある田舎の若者（笑）。

ど：田舎の若者、上京し続けてきておくれ！

［※］【AD】空室に入居者が決まると決めてくれた不動産屋さんに対して、大家さんからAD／広告費と呼ばれるお金が支払われます。がんばってアピールして欲しい、他の部屋より先に紹介して欲しいという大家さんの気持ちが結晶になったお金です。AD２００とは家賃２か月分。家賃６万円のワンルームなら12万円。家賃１ヶ月分の仲介手数料しかもらえない物件より、そりゃ頑張って紹介しちゃうよね。

ウル技 #03

工事現場に自販機設置

—懐かしの古典テクニック—

自販機がやられたようだな… フフフ…奴は消費税還付 四天王の中でも最弱

かずお君
@kazuo57

【工事現場に自販機設置】
建物建築時に自ら課税事業者を選択する事で自販機の売上と建物の消費税をぶつけて還付を受ける古の技。平成22年に蓋をされてしまったが、第４期に完成引き渡しをうけうわなにをするやめ

午前10：29 · 2018年11月21日

3件のリツイート　5件のいいね

難易度	★★★☆☆
知名度	★☆☆☆☆
応用度	★★★☆☆
被ダメージ	★★★★☆

ウル技度 C

大家と税務署のトムとジェリー

※ツイート和訳）
単純に自販機をアパートに置いただけで建築費の消費税を還付される方法はふさがれてしまいましたが、その後も金地金で売り上げを調整したり、新設法人を寝かせたり、次々と新スキームが生まれましたが、どんどん塞がれています。

ど：強欲なアパート大家が、アパート建築費の消費税を還付してもらう技ですね。金地金をぐるぐる取引して、課税売上を沢山作る技も流行ってます。消費税還付を前提に収支シミュレーションを作ってるアパート業者も。

デ：ホワイトゼーリシのよーかん先生に真面目に聞いたら「消費税の還付はもう無理ですよ」ってやさしく諭されちゃうやつね。

ど：還付用に寝かした法人を売ってくれたり、還付額の３割を成功報酬で請け負う納税テロリストみたいな税理士もいますね。どエンド君は納税だいすきなのでこういう技にはぜんぜん興味ありません。税務署にもアカウントがばれてると思うし。どエンド、納税大好き！

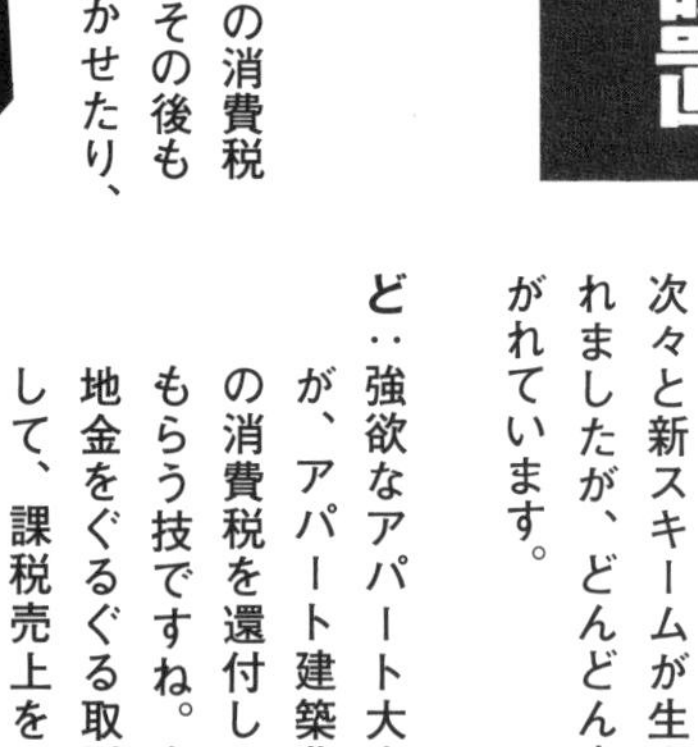

ウル技
#04

火災保険高額バック法
—謎の保険会社との出会い—

もうお前は
謎の保険会社から
逃れられない

早川
@AD300_
【火災保険高額バック法】
管理会社が高額な火災保険を初期費用として組み込んでおり、提携保険会社からバックを受け取る技。俺『希望の保険で加入したいとの事ですが』→管理『だめです』→お客様『それは独占禁止法違反では？』→管理『はい審査落ち〜』という技も併用してくる場合も
14:21 2019年7月31日
17件のリツイート 25件のいいね

難易度	★★★★☆	ウル技度 B
知名度	★★★★☆	
応用度	★★★★★	
被ダメージ	★☆☆☆☆	

謎の保険会社を使う意味とは

ど：事業者だと自分の保険を使いたがることもあるけど、アパートはだいたいなすがまま決められた保険に入りますよね。みなさん、テナントの保険はどこを使っていますか？

デ：東京海上とか。

赤：ですね、東京海上とか、あいおいニッセイとか。

ま：わしんとこはあいおいじゃな。

ど：ぼくも…。この技は聞いたことのないような謎の保険会社があって、保険料はめっちゃ高いけれど、そのぶん管理会社に代理店手数料ががっつり落ちるとこがあるって話らしいです。

〈どエンド君(得)情報〉

ど：ちょっと話が膨らまなかったので、マル得情報を配信します。みなさん、賃貸住居を退去するとき、忘れずに火災保険の解約手続きをしてますか？　更新タイミングの２年ぴったりで退去することはまれですよね。解約するとちゃんと残存期間分の保険料が戻ってくるので、ちょっとしたお小遣いになりますよ（こ、これ以上は解説しないぞ…。

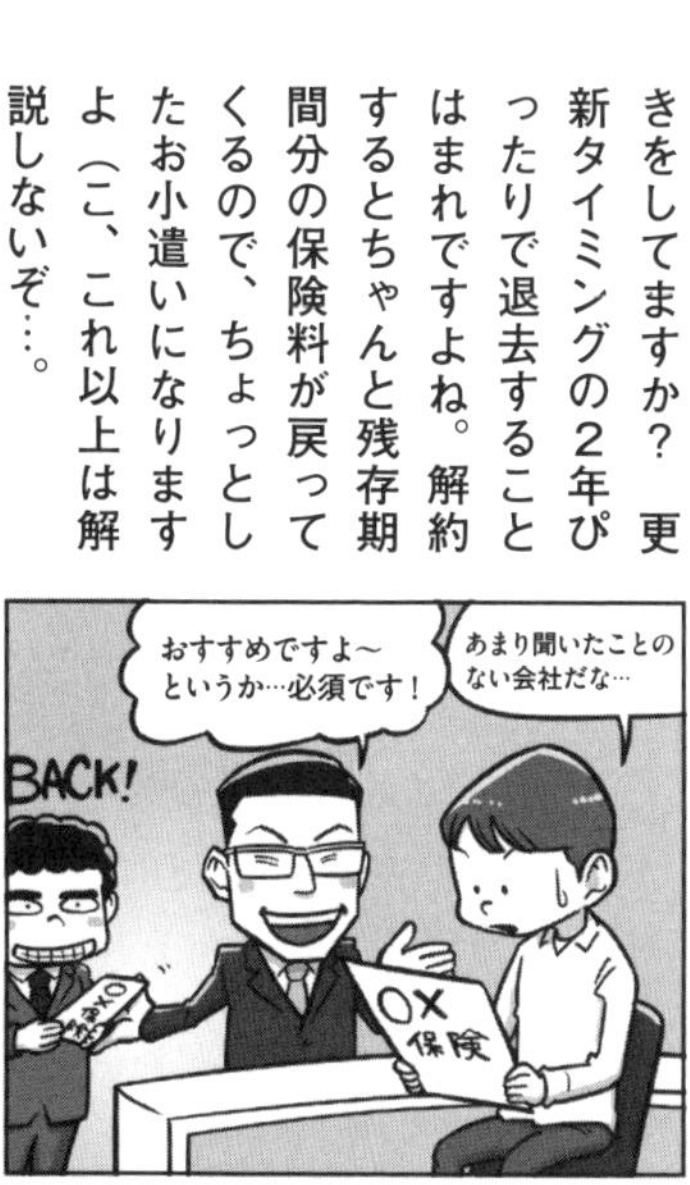
あまり聞いたことのない会社だな…
おすすめですよ〜というか…必須です！
BACK!
○×保険

ウル技
#05

消毒料

—いくらでどうやって消毒してますか？—

実態を知れば誰もが自分でやりたくなる消毒

おとう
@Harumi_Otou

【消毒料】
賃貸の契約時に入居前に消毒しておいたほうがいいですよと数万請求されるアレ。実際はスプレーでプシュプシュするだけだったり、バルサン焚いてるだけだったりするよ。借主がいらないよーといっても「貸主指定」で外せないケースもあり。だって営業マンの売上（文字数）

午前8:16 · 2018年11月21日

752件のリツイート　647件のいいね

難易度	★☆☆☆☆
知名度	★★★★★
応用度	★★★★☆
被ダメージ	★★★★☆

ウル技度 **B**

消毒料の実態はバルサンなのか？

赤：消毒料！　私、これにはめっちゃ言ってやりたいことがある！　あったまきちゃいます！

ど：いいぞっ。言ってやれー！

赤：他社管理のお部屋を案内するとき、こういう風に消毒料1万8千円とか取る管理会社があるんです。ただバルサンひとつ置くだけですよ？　うちも管理物件でバルサンやりますけど無料です。トイレの封水処理だって、ラップで封をしても夏場は1週間おきに水を流しにいかないとくっさくなるんです、そうやっていつでもお客様を迎えられるようにしているのに、封水切れのくっさい部屋を放置してるようなとこに限って、消毒料ですよ、はあ!?

ど：そういう管理会社は、他にも色々なお金を取ろうとしますよね。

赤：そう！　消毒料1万8千円、それで消火器7千円、あれですよポイって投げる玩具みたいなやつ。あとなんとかクラブ加入で年間2万円。もう、お客さんも嫌がるじゃないですか……。申しわけないのでこちらも「必須ですか？　入らないでもいいんですよね？」と聞くんですよ。そうすると「必須ではありません。しかし、ご加入いただけないとADは出せないですね～」みたいな足元みてくるの。荒川に沈めたろかです

消毒で得る業者の儲けに商売の神髄を見た

あ〜りがとうございま〜す♥
バルサン
バルサン
通常価格 ¥1,200
¥18.000

札束風呂に向けて地道な売上を積み上げる

よ。こういうのオーナー側は知ってるんですか!?

ど：管理会社に任せてるオーナーは、家賃と礼金以外に入居者に請求してるところは見えないので、管理会社さんがやりすぎててもわからないです。

害虫にもカーストは存在する

デ：うちのビルは飲食店から毎月定期的に害虫駆除費をもらってるわよ。もちろん共用部も毎月駆除してる。

ど：毎月！

デ：だからこそSクラスビルなんです。上層階のオフィスにタテ配管辿ってねずみやGが出たらイヤでしょ。

ど：そうやってSクラスビルを追い出された害虫害獣がうちのような下々の旧耐震雑居ビルに引っ越してくる…。

デ：自分のビルに出なければ知ったことじゃありません。ちゃんとこまめに害虫駆除してないケチなオーナーのビルに流れてるんじゃないかな。

ど：害虫流しそうめんちゅらい。

※「消毒料」については、p46で全宅ツイにさらに聞きました。そちらもあわせてお読みください。

【賃貸管理・大家編】

ウル技 #06

アパートの管理を任せてもらう方法

―私があなたに寄り添う本当の目的―

一に人情、二に人情、三、四がなくて五に専任

ど：このウルテク途中で途切れてるんだけど（笑）。アパートをきれいにしてもらうのは嬉しいけど、はたして後の売買にも繋が…るの？ 繋がらないんじゃないの!?

赤：いや、真心がこもっていればつながります！　いや、何とかつながって欲しい！　そうじゃないと今までの苦労が水の泡ですよ……。人としてこの世に生まれたからには、そんな世知辛い世の中には別れを告げたいです。

ど：ずっと地場の管理会社にお願いしていて、顔見知りになって……。一生懸命な彼らの姿を見せられていれば、そりゃ情も湧くっていうもんですよね（笑）。こんなにアパートに尽くしてくれてたのに、いざ最後に売る時になったらですよ？　そんじゃ楽待で一括査定してみよか。大手にしとこか。そんなドライなやり方であなたいいんですか。儲け至上主義ですか！

何なりとお申し付けください

赤：そうです。台風が来たら雨どいを掃除して、草むしりをして、給湯器が壊れたら十円玉でバルブを回してびしょ濡れになり……。雨の日も風の日も、管理会社は家主さんと二人三脚ですよ。例え槍が降ろうがテポドンが飛んでこようが、いつでもどこでも、家主さんと

先を見据えて気に入られるのがボランティア

童ホステート
@MicroCeo18

【アパートの管理を任せてもらう方法】
管理営業「大家さん、今度の日曜日休みなので一緒に廊下の高圧洗浄しませんか？」大家「一緒に？まぁどうせ暇だしやろうか」ボランティアという誠実な対応と初めての共同作業で家主の心が動き、後の売買にも繋が…

午前9：45・2018年11月21日

3件のリツイート　15件のいいね

難易度	★★★☆☆
知名度	★★★★☆
応用度	★★★★☆
被ダメージ	★☆☆☆☆

ウル技度 B

愛想笑いの裏に隠されているのは したたかな不動産営業の本音

雨の日も風の日も…家主のためではなく専任のため

運命をいっしょにしているんです。そうやってオーナーの心をグリップして、売買のときも専任を勝ち取るんです。思いは必ず届くはず！

柿をブログに載せてもらうと嬉しいんだ（笑）。

ま：いつもわしの家の柿を会社のブログに載せてくれるのはそういうことだったのか…。でもさ、それって下心を丸出しにしているって見方もできるんじゃ？（笑）。どいつもこいつも偽善者みたいなことといってばっかりじゃん（笑）。おい、君たち！　ほんとうに家主のことを心から考えているのかね！

ど：柿をブログに載せてもらうと嬉しいんだ。（笑）　自分の土地に実った果実をばらまくの地主感あるね。

ま：ただ地主とかって掴みどころのない人が多いから、いくらグリップを握ったところで、よくわからないところで逆鱗に触れて出禁にされたり、急に梯子を外されたりすることもあるよね。それでもがんばって欲しい。

赤：メチャメチャわかります。どんなに誠意をもって信頼関係を築いたと思っていても地主は風が吹いただけでサッといなくなってしまう。他に専任を任せてしまう。

ウル技 #07

うるせえ馬鹿野郎

——※翻訳：問題ありません。大丈夫です——

契約の決め手の鉄板セリフ「大丈夫です」

N的まにあ
@n_teki_mania

【うるせえ馬鹿野郎】
うるせえ馬鹿野郎。やんのかこのチンピラ。このメインテナントずっと入居するって言ってんだろ。集約したんだよ業況良いんだよ。造作たっぷり自前で掛けたんだ。ああ？レンとホリデー大杉？うるせえ馬鹿野郎。テメーで今作ってる自社ビル？他に貸すんだろ。居るってったら居るんだよ。　午前8:40・2018年11月21日

7件のリツイート　12件のいいね

難易度	★★★★★	ウル技度 A
知名度	★★☆☆☆	
応用度	★★★★★	
被ダメージ	★★☆☆☆	

「大丈夫です」で全て片付ける！

ツイート和訳）

買主：「この売り物件なんですが、このメインのテナントさんが退去したら収入激減でたいへんなことになるじゃないですか？　ほんとに買って大丈夫ですか？」

仲介：「ずっと入居する予定だから大丈夫です。たくさんある事務所をここ一ヶ所に集約したんですよ。内装もたくさんお金をかけたのに簡単に退去するわけないじゃないですか？」

買主：「でもメインテナントの賃貸契約書みると、家賃無料期間が多すぎて…これ無理やり表面利回りをあげるために高い家賃で契約してもらう代わり、無料期間つけてますよね？」

仲介：「大丈夫です」

買主：「あとテナントさん、自社ビルを建ててるって噂ありますが…完成したら移転しますよね？」

仲介：「大丈夫です。あのビルは建てたら貸すんです」

買主：「自社ビル建てていきなり貸すってそんなわけないですよね…」

仲介：「居るったら居るんだよ」

ど：わははは。退去する気配がプンプンするテナントが入っている状態のビルを売ろうと頑張ってる人ですね。

あなたは、「大丈夫」の行間に隠された真の意味を見極められるか…

大丈夫って言わないとみんな決断できないんだもん。

自社ビルを建ててるなら他に貸すわけないだろ！　竣工したら即退去するわ！

デ：（笑）造作なんて次のテナントに承継してもらえるのにね。今は工事費が高騰してて、造作費をたっぷりかけた内装は原状回復費も入居工事費並みにたっぷりかかるから、このテナントさんも造作がキレイなうちに次のテナントにさっさとそれを渡して、早く自社ビルの方に移るつもりなのねー。

洒落た賃料免除システム

ど：ところでレントホリデーって何ですか？

デ：テナントのキャッシュアウトのきびしい特定の月だけ家賃を免除してあげたりするやつよ。フリーレントは契約の最初の数ヶ月が賃料免除だけど、レントホリデーは「契約期間中の毎年○月は家賃をおやすみしていいですよ」っていう舶来のルール。

ど：なんか、おしゃれだ。街の不動産屋さんにはレントホリデーの風習ないです。

デ：私たちのようなビル屋は表面の坪賃料にはこだわるから、家賃を下げるよりもフリーレントとかレントホリデーとかのオマケで対応する方が見栄えがいいのよ。

【賃貸管理・大家編】

ウル技 #08

広大地評価おじさん

—相続税評価額を減らそう—

言い方次第で茨の道もなんとやら

ど：大きな土地を持ってる人が、「この土地はマンションを建てるには向かず、戸建しか建てられないけど、そうすると開発道路をいれたりして…ほらこんなに有効面積が減るんですぅ～」と言って相続税評価額を減らす制度ですね。といっても、大きな土地に無縁だから正直わからないな。

地図にない道は相続税評価額を下げる神の道

諸星あたる
@GundariumAlloy

【広大地評価おじさん】
広大地であるとの専門家のお墨付きがあればその土地にかかる相続税がガクンと減る。そのため、広大地だと立証すべく「芸術的な」開発道路を図面に引いてくれる伝説の広大地評価おじさんがジパング地方の道具屋にいるとか。やったもん勝ち。なお現在は法改正済。

午前8:54 · 2018年11月21日

18件のリツイート　44件のいいね

難易度	★★★★★
知名度	★★★★☆
応用度	★★★☆☆
被ダメージ	★★★★☆

ウル技度 **B**

デ：ヒマな地主を召喚しよう。（名古屋方面に向かって）ごきげんよう、ごきげんよう……ブツブツ。

—ぽわ～（まゆずみ君登場）—

ま：なんじゃ！　せっかく寸暇を惜しんでスプラトゥーンやっておったところなのに！　はて、話題は広大地か。税金取るのがメインだと思うけど、実際物納されても困るよね。

ど：相続税なんて１００％にして地主の土地はぜんぶ召し上げられたらいいのに。

ま：国が持ってても、その隣地に愉快なお隣さんが居たら大変じゃろ？　それを代わりにやってあげてるんだから当然じゃろ？【ＰＲ】

ま：昔は広大地だけでなく用途地域がんばるおじさん居たのにのぅ……。消えていく伝統の職人芸じゃ。

ど：用途地域がんばるってなんだよ！　がんばる余地がないだろ！

ま：そんなにうるさくなかった時代があって、仲良かった業者がやってたみたいなんだけど手法はよくわかんない。

ウル技 #09

納税猶予一夜城

—週末に農地をつくろう—

稼ぎを取るか 受け継がれてきた 土地を守るか

諸星あたる
@GundariumAlloy

【納税猶予一夜城】
都市農家大地主と地元農業委員会はツーカーな間柄。「地主さんまずいよ、梅や松では趣味の園芸で農地と認め辛い（＝納税猶予とれない）から週明けまた現調きますわ」と忖度され、急いで手配した重機で木を薙ぎ倒し土地をならすとあら不思議、これで立派な農地ですと。
午前9：11・2018年11月21日

33件のリツイート　72件のいいね

難易度	★★★★☆	ウル技度 B
知名度	★★★★☆	
応用度	★☆☆☆☆	
被ダメージ	★★★★☆	

信じるものは救われる⁉

ど：これも相続税と無縁な上に、都会っ子だからまったくわからないな。

ま：3大都市以外の納税猶予は、20年で免除じゃなくなっちゃって終身になっちゃったんだよね。そもそも引き継いだ後20年も生きれるかわかんないのに。

ど：いくら相続税が減ってもさ、こうやって永遠に農地っぽくしといて何もできない土地を持ってるより、なんか建てた方が儲からないのかな。もし建てても儲からないなら、そもそもお金を稼ぐのに向いてない土地だと思うんだけど。

ま：建てる建てないとか稼ぐ稼がないとかの問題じゃなくて、残すか残さないかの問題だから。土地への信仰心が足りないのでは？

ど：すいませんでした。

ま：持ってる間に計画が出来てきたりと情勢が変わってくることもあるから、全く意味ないって訳じゃないんだけれどもね。

ど：そうなんだ。なんか時間軸がすごいね。

ま：み◯ほで買う宝くじなんかより分が良い。

ど：あれは買い続けていると、銀行員に好かれる債務者になって、いつか融資してもらえるって不動産投資本で読んだから…。

ま：向こうから来る融資はすべてクソ融資。

ど：来たことないから！

News ①

札幌アパマン爆発事件

札幌爆発
スプレー缶ガス引火か
不動産店で「100本に穴」

札幌市豊平区で16日夜に起きた爆発事故で、現場の建物に入居する不動産仲介業「アパマンショップ」の店舗の従業員が「消臭剤のスプレー缶100本以上を廃棄するために穴を開け、湯沸かし器をつけたら爆発が起きた」と話していることが17日、捜査関係者への取材で分かった。北海道警は不動産店が発生元で、缶のガスに引火し爆発した可能性があるとみて、詳しい原因を調べる。

けが人は同じテナントの居酒屋の客ら男女42人に上り、道警と市消防局は同日、合同で現場検証を始めた。

不動産店に隣接する居酒屋の2階で食事をしていた複数の利用客は、取材に対し「爆発時にガス臭がした」と証言した。

札幌市は2017年から、スプレー缶を廃棄する際に穴を開けないよう定める。15年に市内で穴を開ける作業中、爆発し2人が死亡する事故などがあったためという。

当初「居酒屋で爆発音」との内容の通報があった

爆発のあった建物付近を調べる消防隊員ら（17日午前、札幌市豊平区）

出典：日経新聞（2018年12月17日）

つまり…

札幌「アパマンショップ平岸駅前店」店員が室内でスプレー缶を処理、湯沸し器に引火し爆発。周辺の建物41棟が破損、負傷者52人。

〈解説〉

あらすじはこうです。

①原価1000円程度の除菌消臭スプレーを入居者に1万円以上で売るノルマを本部から課された平岸駅前店

②実際の消臭除菌作業は営業マンに任されてたけど…

③営業マンは忙しいから作業はスルー

④でも作業した証拠に空き缶を本部に戻す必要があるから、作業スルーがバレないように中身を空にしなくちゃ、で…

⑤たまったスプレー缶を外で噴射してたら通行人に怪しまれ

⑥仕方なく室内でシューシューしまくったら引火性の強いスプレーの成分が湯沸し器と反応してさらにプロパンガスに引火、爆発と火災が起きちゃった！

実にお粗末な話が次から次へと出てきた事件でしたが、死亡者が出なかっただけ御の字。平岸駅前店の消臭除菌業務の申込件数は、北海道内の他の店舗より平均で9倍多かったり、夏休みの宿題を最終日にまとめてやる的な姿勢も含めて不動産を感じるエピソードが満載でした。　（デベ夫人）

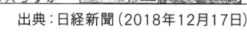

News ②

今年も住みたい街ランキング

住みたい街「横浜」首位

2年連続、民間調べ

リクルート住まいカンパニー（東京・港）が28日発表した「住みたい街ランキング2019関東版」（駅別）で、横浜が2年連続で1位となった。2位の恵比寿、3位の吉祥寺を含むトップ3の順位は18年調査と同じだった。横浜は東京都心に加え湘南・三浦半島など観光地へのアクセスや商業施設の利便性、不動産の資産価値が下がりにくい点が評価されたようだ。

ランキングでは4位の大宮（18年は9位）と8位の浦和（同10位）の埼玉県内2駅が順位を上げた。千葉県の最上位は22位の舞浜で、24位の船橋が続いた。

横浜が連続で1位になったことについて、リクルート住まいカンパニーの池本洋一氏は「生活圏のみなとみらい地区などの魅力も強く、すべての年代から圧倒的な支持を得た」と説明。町並みの景観や下町情緒あふれる飲食店街なども人気を支えたという。

神奈川県内では9位の武蔵小杉、10位の鎌倉の計3駅が上位10位に入った。

埼玉の2駅については「オフィスビルが増えた東京都心部の東側へのアクセスが向上し、都内に比べリーズナブルに暮らせる」（池本氏）点が人気を集めた。ほかに、住環境に優れたつくばエクスプレス沿線の上昇も目立った。

同時に発表した「住みたい自治体」では9位の神奈川県鎌倉市が、東京都内の自治体以外で唯一、トップ10入りした。

出典：日経新聞/地方経済面 神奈川（2019年3月1日）

つまり…

住みたい街ランキングが、今年も発表された。
トップ3の横浜・吉祥寺・恵比寿は変わらないが、
大宮・浦和など埼玉のターミナル駅が躍進。

〈解説〉

横浜・吉祥寺・恵比寿でテニス四大大会のように毎年ベスト3を分け合っている住みたい街ランキング（19年18年が横浜、17年が吉祥寺、16年が恵比寿、2015年までは吉祥寺が5年連続1位）。そもそもそれぞれの駅圏内の広さが全然違うのに意味あるんかと思いますが、（恵比寿はせいぜい1㎞圏内、吉祥寺は西武線あたりまで吉祥寺ですし、横浜は…市全域？中区西区と限定しても前の2つより広いですね）しかしながら変化や傾向はよくわかります。

2017年までは10位以内に入ってこなかった埼玉勢（大宮・浦和）の躍進や自由が丘や代官山、二子玉川、たまプラーザといった東急勢の凋落。住みたい街を選ぶ傾向がイメージのつきやすさや交通利便性にシフトしてきていて、職住分離の郊外の住宅街よりもアクセスのよい都心やどこに行くにも便利なターミナル駅が選ばれているという印象です。

下北沢が上位に入らなくなってるのは駅の地下化で町の賑わいが減り、不便になったからで個別の事情等も反映されています。

まあ、でも不動産屋としては横浜・吉祥寺・恵比寿の物件を勧めるときに使うくらいですけどね。まとめて見ると発見があるという話でした。 （DJあかい）

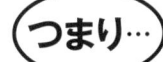

News ③

賃貸おとり物件問題

おとり物件 業者処分

情報サイト 不動産42社掲載停止

築50年以上を「28年」・駅から16分を「10分」

公取協が決定

出典：読売新聞（2017年11月22日）

つまり…

実際には契約できない物件を"おとり物件"として掲載していた不動産業者42社が処分。一定期間のサイト掲載停止に。氷山の一角。

〈解説〉

弊社はバリバリの地域密着型地場不動産屋で信頼第一なので絶対にやりませんが、ポータルサイトに多い気がします。自社HPでやってたら信頼無くしますよw 昔と違って今はお客さんも事前にネットで調べ上げてから不動産屋に足を運びますからね。

おとり物件の見分け方としては…①異常なまでの好条件物件、②所在地が途中までしか載っていなくて物件が特定できない、③現地で待ち合わせが出来ずとにかく来店を勧められる。…そういうのが重なると怪し～いですね。

以前エンドのフリして電話をかけてみたら「あああ～つい最近申込入りまして…似た感じの物件でしたらご紹介しますので是非ご来店下さい！」ってお手本通りの返答が来ました。断ったのに夜9時にも電話かかってきました。うるさいよ。

皆さん！とにかく地元の不動産屋に足を運びましょう！それが一番確実です。

（赤すぐり）

『不動産関連調査にも一言あるで』

毎日出てくるあらゆるデータ…
その裏側、周辺情報について全宅ツイの分析は？

Data ①

入居希望者単独での内見可能な物件専門サイトがローンチ

〈分析〉

またイタンジか！（笑）

不動産テック勢の中でも伊藤さんはやっぱり有象無象の不動産業界を敵にまわしちゃうのと違って頭一つ抜けてて、不動産仲介経験あるし、テック歴も長いからそれっぽいとこまで仕上げてまたどっか出口見つけて売っちゃうとこまではいくんじゃないですかね。

ノマドの時と一緒で賃貸業界は大して変わらないと思いますけど。

まともな大家は嫌がるんじゃないですかね。仲介の立会いって担保的な意味もあるじゃないですか。部屋傷つけられたりとか振込詐欺のアジトや海外からのドラッグ送付先にされても嫌ですしね。

でも「そんなの関係ねえ！」「俺らの崇高な理念についてこれる奴だけ来いや！」というストロングスタイルは嫌いじゃないです。気持ち的には応援しています。

（DJあかい）

Data ②

首都圏賃貸、成約件数が8ヵ月連続の減少

出典：ー当社不動産情報ネットワークにおける首都圏の居住用賃貸物件（7月）ー（アットホーム株式会社）

〈分析〉

D：23区で前年比17％も成約減ってるんですね。アットホーム離れじゃなくて？

赤：実際来客も減ってるんですよ、そもそも目玉になる駅近や高級賃マンに空室がぜんぜんなくて…近隣業者も似たような感じですね。退去してくれー。

ど：大家としては回転率落ちるのは大歓迎ですけども。

赤：嫌ですん…

デ：地方に行ったり異動が減らされてる感じはありますね。オフィスも床が足りなくて仲介はみんなたいへんそう。

ど：空いてるとこは空いてるんだけどなー。みんな駅近に住みたがり過ぎでは。

デ：共働き子持ちだと駅遠とかありえないよね。

D：人気ある物件は出ない。人気ない物件はずっと空室って感じすかね。

赤：ともかくみんな忙しい。よく営業トークで「時間を買いましょう。毎日20分歩いて疲れるのと5分で玄関の毎日なら、月5千円なんて安いと思いますよ」

デ：間違いないww

（DJあかい・デベ夫人・赤すぐり・どエンド君）

ウル技 #10

管理会社の鍵の扱い

—ガチャ鍵は古いの？ どうなの？—

壁に耳あり、踊り場に目あり

ど：合鍵でかわいい女性入居者の部屋に忍び込んじゃうタイプの管理会社が北海道［※］にありますね。

赤：うちは合鍵一切持たないことにしてます。詳しくは言えないんですが、オーナーが合鍵を使って……（声が小さくなる）。

ど：うははは。職業別信用度ランキング下位常連の不動産屋さんか、やまほどローンを抱えた多重債務者の大家さんか。あなたが自宅の鍵を預けるならどっち⁉ どっちも嫌だー。

赤：本当にそうですよね…。

ど：合鍵なしにするのはスマートですね、いざとなれば鍵屋さんに開けてもらえばいいし。ところでピカピカのオフィスビルの鍵ってどうなってるんですか？ いまはガチャって回す鍵は使わないんですよね？

デ：旧耐震ビルは「重たい真鍮製」のガチャガチャ鍵がまだ主流かな。でもいわゆるSクラスビルは全部カードキーで入退室管理してますね。夜の22時以降に巡視がそのテナントのセキュリティカード持って見回りに行くんだけど、男女があらぬことをしてるってのが割と日常茶飯事で。それもテナントの専有部内ならおとがめなしなんだけど、フロアの一番奥にある薄暗い給湯室とか、あと階段室の屋上につながる踊り場とかでな

事件やコンプラによって鍵はリスクへと…

狼旅団 森野狼太郎
@siokarai_ookami

【管理会社の鍵の扱い】
自社の社員が管理物件の女性の部屋に侵入して悪さするもんだから「そもそもこんな鍵があるからいけねーんだ」と鍵自体を廃棄しオーナーすら合鍵が無い状態。売買の時、合鍵が一本も無くて楽チンだったなーｗｗ

午前11：46・2018年11月21日

7件のリツイート　24件のいいね

難易度	★★★☆☆
知名度	★★★★★
応用度	★☆☆☆☆
被ダメージ	★★★★☆

ウル技度 **B**

いつか全ての鍵たちはスマートキーへと
その姿を変えていくのだろう

部屋のセキュリティーは大家次第。

んかやってる人とかけっこういて。巡視さんに見つかると社名と名前を確認されて、事故報告として翌日社内回覧されるので気を付けてね。もちろんテナントの総務にも通報するよ。

ど：その巡視は免許証取り上げて確認するんですか？

デ：そこまではしないかな。

ど：じゃあ、ビル内のどこかの会社名を言って、適当な名前を言えばいいんだ。

デ：そうね。でも、あのでっかい懐中電灯でいきなり自分をバッと照らされると、とっさのことだと結構みんなホントのこと言っちゃうみたいよ。あと、最近の大型オフィスビルビルはテナントからカードキーをもらわなくても管理センターから遠隔であけられるようになってる。

【※】約6万戸を管理する北海道大手の不動産会社・常口アトム（札幌市中央区）に勤務していた元従業員が、在職中に合い鍵を使い管理物件の入居者宅に窃盗目的で侵入したとして3月に逮捕されていることがわかった。逮捕された元社員は旭川市内の店舗に2003年から16年11月まで約13年間勤務していた。北海道警察本部は元社員の自宅から約200本の合い鍵を押収している。業務上入手できる鍵を悪用した住宅侵入事件は同社にとって初めてではない。
※「全国賃貸住宅新聞」（17年06月19日）

ウル技 #11

仲介手数料倍増のウル技
—礼金アップで皆が幸せ…なのか？—

同じ手間なのに仲介手数料はこれで倍増する

どエンド君
@mikumo_hk
【仲介手数料倍増のウル技】
お部屋を案内したお客さまが部屋を気に入るじゃろ、マイソクの礼金0を1に書き換えてお客さまに見せるじゃろ、あとは空室に怯える大家にお前の懐は痛まないんだから別にいいだろとこうやってメールするんじゃ。みんなで幸せになろう。
午前8:12 · 2018年11月21日
13件のリツイート　33件のいいね

難易度	★★★☆☆	ウル技度
知名度	★★★☆☆	A
応用度	★★★★☆	
被ダメージ	★☆☆☆☆	

図面の礼0を1に書き換えるだけで…

ど：これもぼくが投稿したやつですね。とっぽい客付が勝手に礼金のっけてくるんですよね。大家としては礼金ゼロでいいって言ってるのに、勝手に礼金1ヶ月増やして、それを自分にちょうだいという。手数料1ヶ月と、AD1ヶ月、立地が弱いと2ヶ月、さらに礼金のっけで1ヶ月。お前たち何ヶ月欲しがんねん！

デ：オフィスの場合は借主側が仲介手数料払わない慣習があって、貸主側が家賃1ヶ月分を仲介会社に払って、その仲介から適当なレポートをもらう。その代金としてもう1ヶ月分払う。要するに貸主が両手にしてあげているの。最近はこのレポート料の1ヶ月が、どエンド君のADみたいに積み増しもされてるかな。

強引な客付仲介業者からのメール例

> 仲介会社の[illegible]様より「貸主様からの広告費1ヶ月に加え、
>
> 更に1ヶ月分（計2ヶ月分）をもどして欲しい。」との要望です。

仲介手数料は広いな、大きいな

ど：ところで、でっかいSクラスビルのオフィスでも、まさか仲介手数料って1ヶ月分なんですか⁉

デ：こないだ、坪3万円×8千坪っていうディールがあって……。2億4千万の2ヶ月で4億8千万円払ったよ。

ぜんぶ客付仲介さんが持っていく礼金とは誰から誰へのお礼なのか

サッ!
大家さんこ
それはこちらでお預かりします〜っ！
礼金

「それはこちらで！」

ど：まじですか！　いくら坪賃料が高かろうと、どんだけ広かろうと、1部屋は1部屋。1万倍の手間暇はかからないと思うんだけど（苦笑）。ということは、2億4千万円の賃貸が決まると給料もドーンと増えるんですか!?

デ：うちは自ら賃貸だから、自社のオフィスにテナント入居させても仲介とは違って歩合はない。そもそもリーシングって、昔買ったどっかの土地が減損したとかに比べると業績に対するインパクトは薄いから、全然給料には影響しない。大きいディールだとNFMに載る名誉（ブローカーが欲しいやつ）はあるけど、テナント側がリリース出す前に載ると怒られが発生して面倒だったりもするからな。

ど：仲手5万から5億まで…不動産世界は広大だなー。

赤：うちは「〝のっけ〟いいですか？（広告料を乗っけていいですか）」と聞かれても会社の方針で断ってます。

ど：ホワイトですね。断られたそいつ、電話の向こうでは「オレが交渉して礼金ゼロにさせましたよ！」とかお客さんに言って自分の手柄にしてますよ、絶対。

【賃貸管理・大家編】

ウル技 #12

プロパンガス

―オール電化もいいけど、ガスもね―

KBの基本技? 入居者には安心を 大家には利回りを

> **かもめ君**
> @kamome81
>
> 【プロパンガス】
> アパートにプロパンガスを導入する代わりに給湯器、エアコン代などをガス会社から無償で提供してもらうアパート投資の基本技。コマンドはKBKB
>
> 午前10：52・2018年11月21日
>
> 41件のリツイート　88件のいいね

難易度	★★☆☆☆	ウル技度 B
知名度	★★★★☆	
応用度	★★★★☆	
被ダメージ	★★☆☆☆	

利回り稼ぎは入居者のランニングコストで！

赤：古いアパートだけじゃなくて、ピカピカの新築でもプロパンのやつありますよね！　なんでやねん。

ど：強欲なアパート大家が、プロパンガス屋にエアコンとか給湯器とかユニットバスをタダで提供させて利回りアップして、その分は入居者が割高なガス代を払うという…。

赤：やっぱりプロパンは高いってイメージがあるので、プロパンと説明すると店舗の空気が一瞬固まりますね。ランニングコストが高いって思われて敬遠されちゃう。でもキッチンがＩＨだったりすると、まだなんとかごまかしきれる。

ど：ごまかし…？

赤：「あ、キッチンはＩＨですねー。それならガス使うのはお湯だけですから、そんなガス代は気にしないでもいいですねー。」と、ノリと勢いで。あとは「プロパンの方が災害に強いですしね♪」とか超ウルトラ前向きな感じで説得にかかります。

ど：完全プロパンのときはどうやって持ち込みますか？

赤：「都市ガスに比べて最初は保証金を預けたりランニングコストが高いので皆さん敬遠されますけど…　この立地と広さと綺麗さ。同レベルの都市ガス物件と比較すると賃料がお安いですよね？　ガス代高くても賃料だと思えば相殺できませんか？」

ど：聞いてたら、なんかプロパンでもいいような気がしてきたぞ！

ウル技 #13

自宅じゃなくて社宅です
―経費という名の高級マンション―

会社名義で あら不思議 魔法の言葉「経費」

さっちゃん
@sacchan_honmono

【自宅じゃなくて社宅です】
中小企業経営では常識らしい。自宅を自らが経営する会社の持ち物にして、社長が社宅に住んでることにする。一応税務当局が納得するような家賃を設定しとかんといかんが、減価償却費も計上できるよん。別荘？ 違います保養施設ですぅ。
午前8：49・2018年11月21日

109件のリツイート　144件のいいね

難易度	★★★★☆
知名度	★★★★☆
応用度	★★☆☆☆
被ダメージ	★★★☆☆

ウル技度 **B**

金持ちと頭は使いよう

デ：うふふ。うちの役員がなんだかよくわからない目的で使ってる部屋も自社の高級賃貸マンションにいっぱいあるはず。一応、外国要人用の部屋とかなんとか言ってるけど…そんなん来ることあまりないから愛人だよね。

赤：ふけつ！

ど：高い家賃のとこはだいたい社宅で法人契約ですよね。

デ：当社が管理しているマンションで広い専用庭がついてる物件があるんだけど、お金持ちがクジャクを放し飼いしたくて、自宅から昼間に餌をやりにいくのに近いからって理由で借りてくれてる。それも社宅扱い。

ど：クジャクのための社宅……。

デ：お金持ちが考えることはようわからない。でも、子供のお友達のママパパの話を聞くと個人事業主や外資金融にお勤めみたいな方は必ず自分の会社を持っててその名義で家を借りたり、車を所有したりしてしっかり経費にしてますね。お金のあるところに余計にお金が集まる好循環…。

ど：ここだけの話、実は、僕も…（小声。

デ：ほら〜、やっぱり!!

ウル技 #14

間取詐欺

―部屋への昇格を決める採光率―

部屋は言いようでどうにでも！

D：これはあるよね。Sか部屋かで受ける印象が違う（※S＝サービスルーム）。

デ：採光基準てありますよね。床面積の7分の1以上の採光（窓）がないと部屋にならない。

サービスルームと呼ばれる事実上の居室

STEP☆MAN
@kuso_fudousanya
【間取詐欺】
弊社：これ、採光の問題で2LDKと表記できないです。1LDK+Sとしか…
ハゲ大家：なんでや！ 2Lて書かな売れへん！ 反響全然ちゃうねんで？ お前素人か！
弊社：そういう問題やなくて…
他社：僕んとこやります！
ハゲ：君のとこに頼むわ
弊社：… ※一部改変有り 午後1:15・2018年11月21日
4件のリツイート 19件のいいね

難易度	★★★☆☆
知名度	★★★★★
応用度	★★☆☆☆
被ダメージ	★★★☆☆

ウル技度 B

ど：建築基準上は部屋じゃない部屋。

デ：そうそう。納戸扱い。

ど：昔そういえばSLDKに住んでました。

D：部屋なし！

ど：寝室がエレベーターホールに面してて窓はあれど薄暗いという…そうか、あれが部屋じゃないSか。

デ：壁に穴あけて、となりの部屋の採光を取り入れられます！ みたいな抜け道ないのかな。

D：引き戸でLDから最高を引っ張るとか多いです。

ま：分譲マンションも同じメソッド？

D：引き戸ばっかで部屋数増やしてるデベ（建築会社）もあります。

ど：賃貸はわりとゆるいから、1LDKと言い張ると1LDKで募集してくれるようなとこはありますね。

D：これ罰則規定ないからですね。

ど：ゆるい会社とまじめな会社でだいぶ温度差ありますね。

D：どう考えてもDKなのにLDK表記して募集してるとか。

ど：でも1LDKの方がずっと人気だから、担当者に影でハゲ大家と言われてもいいから1LDKで表記してくれる会社にお任せしたいな。

D：これお前か！

ウル技 #15

現状、満室です
―明らかな詐欺行為も逮捕者0？―

「現状」という言葉が優しく包むのは満室という嘘

Unknown
Unknown

【現状満室です】
アパートが空室だらけで売却したい…。でも空いていると買い叩かれるんじゃ…。
そんな時には、架空の借主と昔の日付の賃貸借契約書を用意すればほーら満室に。売却後、不思議な退去が相次ぐ？知らんがな。

ツイート削除済のため不明

ツイート削除済のため不明

難易度	★★★★☆
知名度	★★★★☆
応用度	★★★☆☆
被ダメージ	★★★★☆

ウル技度 A

自分の不動産くらい自分で見ろ！

ど：バリューアップ。これは売買編っぽい裏技ですね。

D：現地見に行かれたらバレるんじゃ…現地行かないエリサーハメテクなのかな？

ど：空室があるとローンつきづらい、中をみられると設備がぼろいのがばれる、リフォーム代もかかる…と、売却する側としては空室があっていいことないですからね。

デ：これは完全にクロだよね…？

ど：実際に賃貸借契約していて売買後に解約だとどうなんでしょ。グレー？　実際、マンションの1階店舗とかで客付が厳しいやつだと、売却前に知り合いや社員に借りさせたみたいな武勇伝はたまに聞きますが…。

ま：〇〇さんがやってなかったっけ。

ど：ダミーで入居してることになってる会社の名刺を売主が間違えて買主にだしちゃって…たいへんだったって言ってましたね。でも買主もやるもので「しばらく借りてくれるんですよね？」とプレッシャーかけられて2年借りたら転売益が吹き飛んだそうな。

D：ひどい（笑）。

デ：架空の借主の場合は？

ど：架空の場合はそれをもとに購入判断してるのでアウトですよね。

D：架空はさすがに罪になるんじゃないすか？

デ：だよね。

【賃貸管理・大家編】

ウル技 #16

狭い部屋を広くする技

―管理会社の熱い想いも内見してほしい―

広角レンズとフォトショップより愛

ど：今はネットで部屋探しが普通なので、掲載写真は大事ですよね。

赤：5畳洋室＋変なロフト階段の部屋を広くみせるのとか、腕の見せ所です。普通に立ったまま取るとめっさ狭く見えてしまうので、しゃがんで部屋を舐めまわすように…そう…ヌード写真を撮るように…。

ど：とんでもない広角レンズを使って、壁が斜めになってる会社さんとかもありますよね。

赤：でもあんまり飾り立てすぎるとかえって信頼できない印象になってしまうかもです。お客さんにもバレバレですよ。うちは広角レンズはやりすぎなので使いません。

ど：ほかにどんなパネマジ技がありますか？

赤：リビングを撮る時、壁や

綺麗に見せたいのは女性も管理会社も同じなのです

どエンド君
@mikumo_hk

【狭い部屋を広くする技】
ネットの部屋写真を見て決める入居者が倒せない。そんな大家さんは広角レンズを装備、さらに窓サッシに座って後ろにそりかえって、奇跡の一枚をゲットだ！なお失敗して落ちるときは敷地の外に落ちないと、資産価値を下げるから気をつけよう。

午前10:47 · 2018年11月21日

65件のリツイート　162件のいいね

難易度	★★☆☆☆
知名度	★★★★★
応用度	★★☆☆☆
被ダメージ	★★★☆☆

ウル技度 B

激震ビフォーアフター

あらゆるアングル、構図を試した先に奇跡は起こる！担当者の想いが物件が持つ力を最大限に引き出す

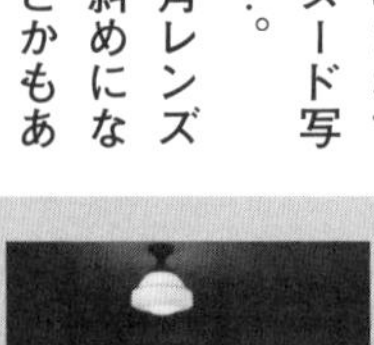

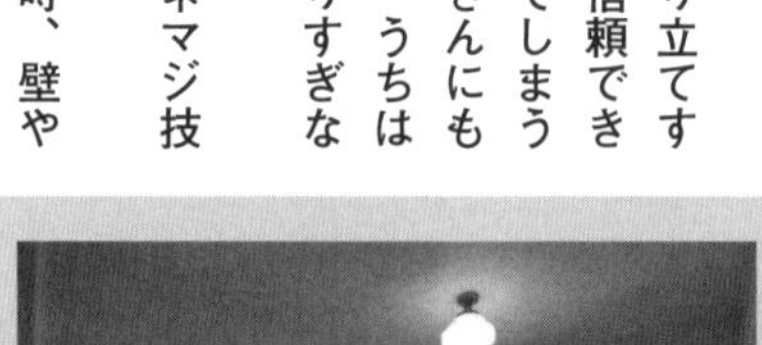

そりゃ綺麗で広い部屋ほど
多くのお客様をご案内できますので…
この物件の力を
もっと、もっと
引き出さなきゃ…
ググググッ
大家さんのために、一生懸命物件の魅力を引き出そうと…

柱を画面に入れないように空間だけを撮ること。サイドに壁らしきものが写り込んでしまうと一気に狭く見えてしまいます。しゃがみこんで天井を高く見せるのは定番ですかね。何十枚も撮って奇跡の一枚を絞り出します。

ど：お仕事、カメラマンの方でしたっけ…。

赤：それとバスルームが狭い場合は脚立に乗って真上から撮る方法もあります。弊社１９０㎝の巨大部長の得意技。そうすると狭さを感じない。

ど：これは今日から使えるウルテクだ！　こんど自分の募集物件でやってみます。

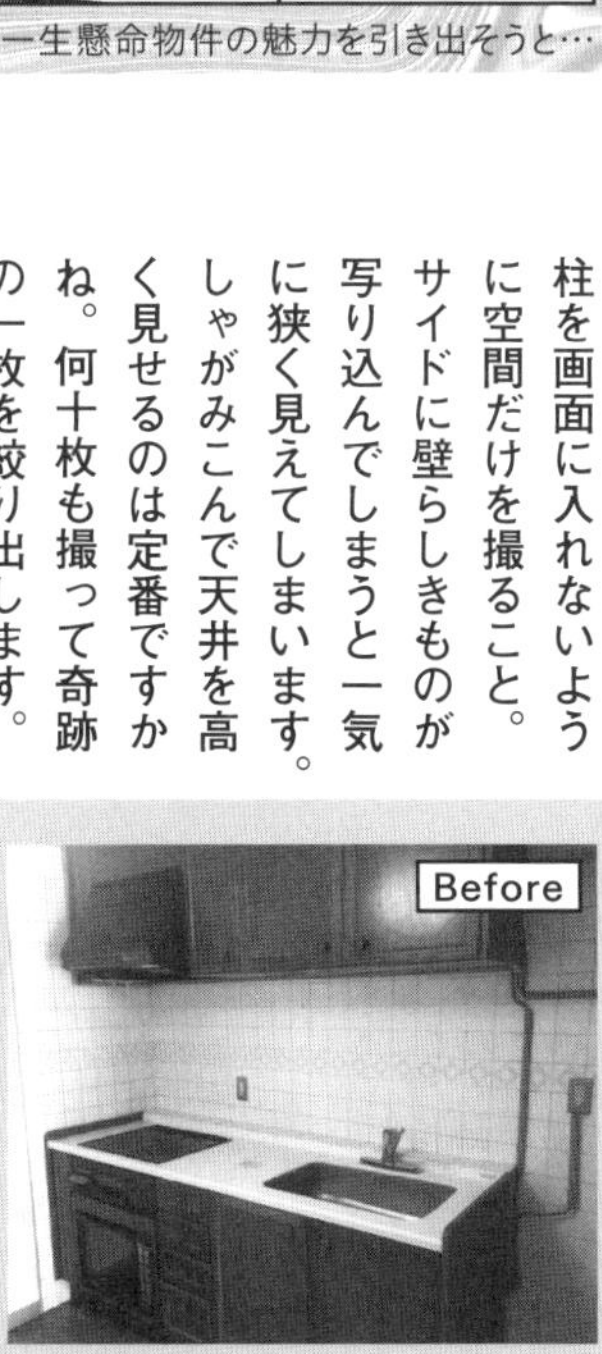
Before

After
※某社サイトの掲載写真（Before）／実際に現地で撮った方の投稿（After）

【賃貸管理・大家編】

ウル技 #17

賃借物件ドア回収法

—借地借家法VS玄関ドア—

未払い借主は姿隠して扉隠さず

D：これは絶対連絡つくよね（笑）

ど：うはは。個人的には鍵が開かないより嫌ですよね。いま玄関ドアがない家に帰ったらどういう気持ちになるかなと想像してみたけど、だいぶ無理だった。

ん？お前のドアも外してやろうか

もすけ
@mosuke1982

【賃借物件ドア回収法】
滞納している連絡つかない借主に対し、連絡を取るための手段。借主と連絡が取れる事が多いがなぜか怒ってる事が多い。尚、違法か合法かは定かではない。

午後6：19・2018年11月21日

5件のリツイート　15件のいいね

難易度	★★★★★
知名度	★★★★☆
応用度	★☆☆☆☆
被ダメージ	★★★★★

ウル技度 A

D：雨降ったら笑う。

デ：昨日お鯛先生に確認したら、外廊下の物件だと消防的にNGだけど、内廊下なら問題なしと（笑）。

D：なるほど。学びある。

ど：学びあるんだ…消防法以前に色々問題な気がする。

ま：ほ、ほら。昔は鍵かけない家庭とかも多くあったし……。その延長線上と思えば……。

D：田舎だと鍵かけると怒られるとかあるらしいすね。

ま：僻地の寺に嫁いだ人の話とか聞くと、鍵かけると怒られるって話は聞く。

ど：意味がわからない。

デ：限界集落っぽい。

ど：俺たちを信頼してないのか？みたいな世界？

D：そんな感じらしいす。

ま：公共的な位置づけに近いというのもあるから……。

D：村の掟は法より上位概念ですからね。

デ：限界集落は借地借家法が適用されない。

ど：もすけさんいつもドア外したがってるから、いつか実際にやって欲しいですね。

D：ドアを自由に外したいな～　はい、どこでもドアー！

ウル技 #18

在籍確認法
―信用は金で買えるのか？―

借りるためなら架空会社でアリバイ工作

おしゃべりゴリラbot
@oshaberi_gorira

【在籍確認法】
無職や風●のお姉さんは賃貸申込時に弾かれてしまうから、業者に在籍確認会社を用意してもらおう!! 3万のうち2万はその業者の売り上げになります。人を見てのっけ金額が決まります。

午前8：01・2018年11月21日

82件のリツイート　148件のいいね

難易度 ★★★☆☆
知名度 ★★★★☆
応用度 ★★☆☆☆
被ダメージ ★☆☆☆☆

ウル技度 C

職業の闇もアリバイ会社次第

ど：匿名投稿システムを使ってますが、100％ようすけ文体です。

D：風のクリスタルと水のクリスタルの話ですね。

デ：昨日ようすけ君にFAXをもらっておいた！

ど：みせてみせて！

ま：通過率94％…笑う。

ど：アリバイ会社の合見積もりってなんだよ！

デ：ひどいよね（笑）

ま：女性が安いのは何か理由あるのかな。

D：女性のが需要多いからですかね。でも地場業者は知らないですけど大きい管理会社にはバレますよ。この会社数人しか社員いないのにやたら申し込み来るなとか。400万円ぴったしのいかにも怪しい源泉とか。

デ：当然「あれ？」ってなるよね。キャバはOK、風俗はNG？

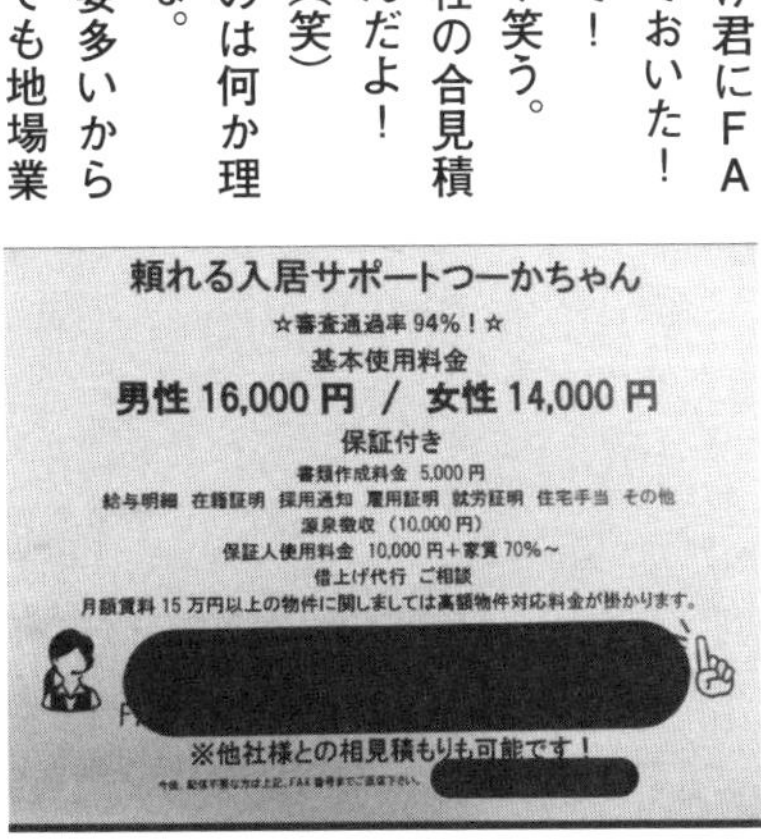
頼れる入居サポートつーかちゃん
☆審査通過率94％！☆
基本使用料金
男性16,000円 / 女性14,000円
保証付き
書類作成料金 5,000円
給与明細 在籍証明 採用通知 雇用証明 就労証明 住宅手当 その他
源泉徴収（10,000円）
保証人使用料金 10,000円＋家賃70％～
借上げ代行 ご相談
月額賃料15万円以上の物件に関しましては高額物件対応料金が掛かります。
[redacted]
※他社様との相見積もりも可能です！
[redacted]

通過率…きゅ、94％!?

D：風俗は基本厳しいですね。これ、管理会社で働いてたマックのＪＫから聞いた話なんですけど…こんな短期間に何人も少人数の会社から割といい賃料の物件に若い女の子から何人も申し込み入るのおかしいやろ！と。

ど：するどい！

D：ちょっとこの会社行ってこいとで、現地に行ったらなんか違う看板かかってて、大手の仲介からの申し込みだったんですけど担当者平謝りで「申し訳ないです！僕が絵を描いたわけじゃないんです！」って。

アリバイ会社が運命の岐路

ど：そういうとき仲介にはどういうお仕置きをするんですか？

D：でもそこ出禁にするとマジで埋められなくなるので「次からはうちでそれはやめてね」と言うに留めといたって、マックでＰＭ…じゃなかった、ＪＫが言ってました。

ど：ばれないようにやって欲しい。比較サイトでちゃんと見比べて、上質なアリバイ会社を使って欲しい。

ま：比較サイト（笑）。

ど：ほら、あるんですよ。在籍を偽装するのに帝国データバンクに載ってる実在の会社が選べるとか、各社サービスに工夫を凝らしてる。こんなんが何社もあるとすると…もうだいぶ賃貸エコシステムの一環として根付いてる感ありますよね。

ど：もしかして源泉徴収票や在籍確認しないでノールックで貸しても、そこそこ保証料もらえば回るんじゃないかな…。

デ：全くおなじこと思った。

アリバイ会社と社会信用利用術

ど：きわめて日本的な感じもするけど、世界にもアリバイ

「地獄の沙汰も金次第」ならぬ審査基準も金次第!?

我々の提携会社でしたら
3ま、いえ…ご、5万円で
ぜんぶクリアできますよ！
へえ〜

相手を見て乗っける金額は変わる。

会社ってあるんかな。

デ：これ面白いから聞いてみたら、アメリカの場合はFICOスコア票なんだって。職業での差別はしてはいけないのが一応の法律だけど、それ以上に成人国民が全員与信で点数付けされている恐ろしい国（笑）。

D：中国とかも今そうなってるみたいすね。信用の可視化！

デ：日本もいずれマイナンバーと連動する日が近い。

D：デモとか参加すると顔認証で一生不利益らしい。

ど：そこまでいくと一度歯車からこぼれ落ちたら一生日陰のこわさがありますね。怪しいアリバイ会社のおかげで復活チャンスある社会の方がいいような…。

アウト ? セーフ

弁護士の見解

内容虚偽の書面を出しているので賃貸借契約の解除原因になると思います。

それよりも交通事故の損害に関する収入資料として在籍証明書を出してくる案件なんかもあるんですが、その場合は実際よりも損害を膨らませるためにやるわけで普通に詐欺ですから気をつけてくださいね。

（GK全宅ツイ顧問弁護士／ノースライム）

【賃貸管理・大家編】

ウル技 #19

施設付鍵利用契約

—家賃はしっかり払いましょう—

ど：スマイルサービス（㈱バジリカ）が編み出したウルテク。

D：僕大学卒業した後無職だったんで危うく紫の看板に吸い込まれるとこでした。

デ：看板紫なんだ…ひどい（笑）

ま：こういうわかりやすい文化を感じさせない広告って、余裕のない人に刺さりやすいですよね。良く出来ている。

お前に貸したのは部屋じゃない。鍵だ。

まゆずみ君
@NekoMur

【施設付鍵利用契約】
ゼロゼロ物件で有名な某社がやってた手法。家を貸すのではなく、あくまで鍵を貸すということにするによって利用者が家賃滞納した際に、家賃を払わない賃借人の占有権の主張を防ぐ手法。そもそも家賃払わんやつが悪いやろ。

午前9：11・2018年11月21日

31件のリツイート　75件のいいね

難易度	★★★★★	ウル技度 A
知名度	★★☆☆☆	
応用度	★☆☆☆☆	
被ダメージ	★★★★☆	

D：確かに初めて家探しすると礼金だの敷金だの仲介手数料だのいっぱいかかってなんなの？って思うからそう言う人の心の隙間をうまくついてる。

ど：せっかくのアイデアでしたが借地借家法が強いからダメですね。これが事業用物件だと販売業務委託とかスペース貸しとか、借地借家法から逃げて、場所を貸す方法もあるんだけど…。

D：住宅はどういう立て付けしても怒られ発生しますよね。

デ：住宅ではダメという判例が出た。

家賃滞納者は家に入れない！

ど：昔は普通に鍵をロックするいろんなアイテムが管理会社にあったんですよ。

ま：アロンアルファ不要でロックできるやつ……。

ど：うちのおじいちゃん管理会社の契約書には、いまだにその頃の名残で滞納時は鍵ロックされても異論はない、みたいな一文が入ってます。

D：つよい（笑）

だから家賃を払わないのは、
食い逃げと一緒なんだって！（by大家）

『鍵のご利用料金が滞っていますので鍵のご利用は…』
なん…だと…!?
『あ、お部屋は問題なくご利用ください♪』

部屋じゃなくて鍵を貸してるナイスアイデアだと思ったんだけどね…。

デ：いまは電子鍵ならスマホで操作出来ちゃう。うちもスマホ鍵付けたけどめっちゃいいよ。

ど：入居者の入れ替えのたびにシリンダー捨てる無駄も、マンションの外に並ぶキーボックスもなくなる。どんどん普及して欲しい。

D：鍵交換費取れなくなるから痛し痒し。

ど：スマートロックで家賃引落できなかった瞬間に鍵があかなくなるくらいまで連動して欲しい。

D：わらう。

ま：不動産テックだ。

ど：ここでバジリカの決算書をみてみましょう。（ガサゴソ

ま：すごい。

ど：ゼロゼロが心に刺さる入居者を狭小アパートに押し込んで従業員12名でXX億円。

D：めちゃ夢ある。

ど：みならいたい。

D：需要は絶えないから。ボンビーガールは絶えない。

ど：先輩大家さんが「この世から貧乏人は減ることがないから、やるなら貧乏人向けの賃貸がいいぞ」と言ってた。

D：百理ある。

ま：ビレッジハウス「それな」。

プロが語る真実と忠告と罵詈雑言を傾聴せよ

『全宅ツイ』幹部が直球回答する10問10答

賃貸管理・大家編

Q.1 「消毒料」って、どんなものを使っているんですか？

弊社は超絶ホワイトのため、「消毒料」等は乗せないので詳しくは分からないのですが、昔は「バイゴン」ってきつめの殺虫薬（Gが上歩いたら死ぬ）を噴霧器にいれて部屋の隅々にプシューしたそうです。

今ではそれこそ簡単便利な「ヘヤシュ」みたいな物でシューですかね。それで1万5千円〜2万円乗っけてきます。ちゃんとクリーニングした部屋なら、バルサンしようがオゾン噴霧しようがファブリーズしようが大差ないとは思いますし、過去には**「殺虫消毒済み」って紙を玄関に置いとくだけ**って会社もありました。くたばれ。

（赤すぐり）

Q.2 本当に鍵は交換しているのですか？

勿論しています。入居日当日の鍵渡しの時には**ピッカピカの鍵をとびっきりの笑顔でお渡ししたい**ですから。内見〜申込〜入金〜契約までにトラブルが発生して、険悪ムードになったとしても「終わり良ければ全て良し！」です。

（赤すぐり）

同じアパートでやるとやばいけど、複数あるアパート間ならシリンダーをぐるぐると使いまわせるという**古の大技林を聞いたこと**があります。でも…鍵交換料を取っておきながらピカピカの鍵じゃなかったら怒られるよね…必死に磨くのかな。

（どエンド君）

Q.3 管理会社に入社した若手に一言お願いします。

今時珍しい労働集約型の仕事です。給料も安いし休みも取れませんが（特に分譲系だと土日はほぼ休めません）、**AIに取って代わられることは今後100年はない**のでその点は安心してください。入居者、大家、仲介からサンドバッグにされてメンタルやられる人が多いですが、強く生きてください。

（DJあかい）

Q.4 大家さんがぼくに冷たいんですが…

家賃滞納してるのに、フェイスブックで**新しいiPhoneを買ったとか自慢していませんか？**家賃滞納してるのに、ご立派なビジネス論を語ったりしていませんか？　知らないかもしれないけれど大家はあなたのフェイスブックを見ていますよ。

（どエンド君）

Q.5 印象深い借主さんにはどんな方がいましたか？

地方の本物の田舎からキャリーバッグをコロコロさせながら1日で部屋を決めなければならなかった女子です。東京の賃貸の事なんて分かるはずないし、そもそもの一般常識も無い。

半日かけて数件の部屋を内見して申し込み。しかし「銀行口座振替ってどこ行けばいいんですか？」と。生まれ育った町には郵便局しかないと。見捨てる事が出来ず一緒に銀行行って口座開設の手続きをしました。完全に私オカンでした。

これで片手6万円ですが、**若者の未来の為**。充実感がありました。

（赤すぐり）

Q.6 美人のお客さんは得ですか？

ズバリ得です。 イケメンも得です。スタッフの目の色と力の入り具合が違います。自然の摂理なので仕方ありません。

でも進めていくうちに超絶ワガママだったり期日を守らなかったりすると「美人なのにだらしない客」のレッテルを貼られスタッフの動きは鈍くなります。

（赤すぐり）

入居申込書に添付された写真が、美人のときも悪人面のときもありますが、大家としてはお家賃さえ払っていただけるかしか関心がないので、一ミリも心は動かないです。むしろ若い女性だと結婚したりおしゃれな街に引っ越ししたり、なにかと退去も早いんですよね…。入居してくれた皆様のことはすべからく**大好き**です。（どエンド君）

Q.7 賃料交渉が可能なのはどんなケース？

人気のない物件で空室が長くなると、誰も住んでくれなかったらどうしよう…と大家も不安になってくるので、申込があるだけで嬉しくて家賃交渉を受け入れてしまいがちです。ただ、**それって誰も買わずに売れ残っているものを値切ることになるので、本当にお得なのかな…**と思うんですよね。いずれにしても交渉するのはタダなので、これが交渉できたら絶対に住む！と真剣な気持ちでお願いすれば、仲介さんもそれを受け止めて大家さんにぶつかってくれると思います。

（どエンド君）

Q.8 どんなキャリアパスがありますか？

美容師とかと一緒でだいたい若くなくなると**死期を悟った猫みたいに姿を消す**のですが、多店舗展開してるところの店長レベルが、若手を引き連れて独立とかは割と成功しているケースが見られます。

（ＤＪあかい）

Q.9 5年後の賃貸業界はどうなりそうですか？

賃貸仲介業は間違いなく縮小するとは思います。今はネットで自分の希望条件を入力すれば該当する物件は出てきますし。

でもそうじゃないんですよね。しっかりヒアリングしていくと、最初に聞いた条件と全く違うものを欲しているのではないか？とか絶対に譲れない「軸」を決めてもらい他を妥協出来るように提案するとエリア外でも予算外でも当たりが出てきます。**潜在的な気持ちを引き出すのはやはりマンパワーでしか出来ない**。縮小はするけど全滅はしないのではないでしょうか。

（赤すぐり）

まだまだローン期間も残っているので、5年後もたいして変わらない感じでお願いします。

（どエンド君）

Q.10 とんでもない「賃貸借契約書」や「特約」ってありましたか？

残念ながらあなたは借地借家法と消費者契約法に守られているので、強欲なクソ大家がどんなに自分に有利な契約条項を賃貸借契約書に忍ばせたところで、効力をもたないことがほとんどです。**助かったな小僧！次に事業用物件で会ったときは本気を出すからな！** その時はよ〜〜く契約書を読めよ。

（どエンド君）

プライアンスの欠片を使う技

買取再販編

あらゆるウル技を見聞きしてきた
辣腕のブローカーたちが語り尽くす
売買仲介・買取再販編。
細かい積み上げ系のテクニックから
S級の投げ技まで全43技を収録！

全宅ツイ担当メンバー

	あ	あくのふどうさん @yellowsheep パンチの効いた金利でお金を調達して、身も蓋もないコンクリートと交換しています。お金に戻した時に、借りた金額より少ないと元気がなくなってSNSで詩集を売って生計の足しにしています。
	よ	はとようすけ @jounetu2sen 都心のアットホームな仲介会社で働いてます。前科、行政処分、銀行取引中止全て経験ないクリーンな経歴です。
	野	野球くん @unoubaseball 老舗不動産管理会社の奉公人をしています。駐車場収入が売上の8割なので会社に来てもやることがなく年間200試合野球観戦をしています。
	ど	どエンド君 @mikumo_hk （助っ人で参加）借金4億円を抱えた底辺アパート大家。いつも不動産屋にいじめられて、コツコツ集めた家賃を奪われます。

ウル技×43

失われたコン
【売買仲介・

ウル技 #20

歩合率急激アップ法

―別会社紹介には裏がある―

【売買仲介・買取再販編】

自社では渋って他社紹介を薦める背任行為

はと ようすけ
@jounetu2sen

【歩合率急激アップ法】
自社の歩合率が7％と低いため、他社に契約予定の案件を振り50％取得する方法。自社にクレームや顧客が間違えて電話をしてバレる事が多い背任行為。契約ない癖に羽振りがいいやつは大体これ。

午前7：37・2018年11月21日

26件のリツイート 94件のいいね

難易度	★★★★☆
知名度	★★★☆☆
応用度	★★★★☆
被ダメージ	★★★★☆

ウル技度 B

社員は世を忍ぶ仮の姿

よ：やって来たお客様を他社へ引っ張って契約する抜き行為です。自社では歩合がつかなかったり、歩合率が低かったりする場合によく使われるウル技ですね。お客様には、「契約はこちらで」とか「手数料安くするからこちらへ」とか言って業務委託してる会社に投げる。どこまでやるかなどは相談ですが、報酬は50％ということが多いです。クレームや問い合わせ、もしくはほかの営業に感づかれてクビ、いわゆる背任です。

あ：そしたら、これって手数料の半分くらいバックがあるってこと？

よ：バックというか、手数料100万なら自分50、抜き業者50、自分が所属する給料もらっている会社0という感じです。固定給のほかに歩合を沢山貰うクズ行為です。

独立したけりゃ身内を騙せ!?

よ：こういう手法を使うか、業者からのキックバックを蓄えて独立する人が多いと聞きますよ。裏切りなんでいつか顧客からバレますが、何個か会社用意してる人はバレにくいですね。

あ：組んでいる会社がいくつかあれば、バレるまで時間稼ぎできる!?

よ：はい。ただし仲介の場合、数ヶ月後に登記を見たら判明します。でも、上司に「他決した」って言い訳さえすれば、大体アヤフヤになりますしね。それに、登記まで後で上げる執念深さは、普通持ってないです（笑）。

【売買仲介・買取再販編】

ウル技 #21

ブラックでもローン借りる方法
―名前を変えて別人に成りすます―

収入証明で転生可能!?

野：これってでも、名前変えた瞬間にその人は新しい人生が始まるわけじゃないですか。それでローンつくの？ 名前変えても、収入は前の名前の人のものですよね？

よ：それは……（口ごもる）。

ブラックリストに載っても、名前を変えてスルースキル

おしゃべりゴリラbot
@oshaberi_gorira

【ブラックでもローン借りる方法】
ブラックリストは名前で登録されるため、苗字を変えるために養子縁組にしたり、旦那様がブラックの場合一度離婚したりさせてる業者が昔いました（伝聞

午前7：39・2018年11月21日

26件のリツイート　57件のいいね

難易度	★★★★★
知名度	★★★★☆
応用度	★★★★★
被ダメージ	★★★☆☆

ウル技度 A

野：あ、収入証明をつくるのか。ダブルなんですね。大技林を2つ使う合わせ技みたいなのもようすけさんらしいテクニック感じるなー。

よ：まぁ昔はご夫婦でローン組む時に、奥様単独ってすごく難しかったんですよ。銀行はイレギュラーを嫌うので。「旦那様無職？ ブラック？」みたいな。訳あり旦那様と2人より、ひとりなら通るケースがあったので、一度離婚していただくみたいな感じでした。

野：ほおお。一度離婚していただく……。

よ：（養子縁組は確かテクニックとしてありましたが、細かい部分は忘れてしまった……）。

野：苗字を変えて別人になってブラックを解消する技じゃないの？

よ：苗字変えてですね。今は当たり前ですけどね。家族の中にひとりくらいはブラックがいてもいいと思いますけど。

野：家族の中にブラック……。いてほしくないです（笑）

よ：話は違いますがブラックじゃないのに全く同姓同名でブラックがいて引っかかったケースもありました。

【売買仲介・買取再販編】

ウル技
#22

キックバック財産肥やし方

―不動産が高額取引な理由―

多額のKBが飛び交うなら実価格はいったい!?

はと ようすけ
@jounetu2sen

【キックバック財産肥やし方】
司法書士、請負契約、リフォーム、保険、土地家屋調査士、引越し業者など全ての取引にかかる業者からKBを要求する背任行為。デカいのは土地を業者に卸す時。KBマンが入ると一番高く売れる業者ではなく、一番高くキックバックをくれる業者が選ばれる傾向がある
午前7:41 · 2018年11月21日

17件のリツイート　53件のいいね

難易度	★★★☆☆	ウル技度 B
知名度	★★☆☆☆	
応用度	★★★★☆	
被ダメージ	★★★★☆	

年収をはるかに凌ぐKB!

あ：これはまぁ、わかりやすい。

よ：そういえば、【A】に知り合いがいたときのことなんですけど。すごい比率で驚いたこと思い出した！　ちょっと昔の話になっちゃうんだけど、仲介が本業800、キックバック2000だったと自慢してきましたよ（爆）。

あ：そ、それって年収は800万円、それの他にキックバックで2000万円ってこと？

よ：はい、その通りです。

あ：【A】って言っちゃってますけど大丈夫なのかな。あんまり隠せていない気がするんだけど（笑）。

よ：【A】はやめましょ、FRK先輩（笑）。いくらなんでもわかりやすすぎるもの（爆）。

キックバックも度が過ぎたらドン引き

野：それにしても桁が違う！　ちなみにひとつの取引で、最大何コンボできるんですか？　今までで一番ぼったくり……じゃなくてキックバックもらった人の例が知りたい！

よ：その人を例にするなら、一番高く買う業者ではなく、一番キックバックの多い業者に土地をおろしていたみたいでしたね。そのうえ、この人の場合はほぼ全ての業者にキックバックを要求していました。いったい、

どの業界でもワールドクラスを目指してほしい…。

KB術があれば年収なんてどうでもいい！？

どんだけもらえば気が済むんでしょうかね。もはやクレクレお化けですよ。

あ：それって、在籍時にいくらくらい稼いだんだろう（笑）。独立資金もそれだけ稼げばすぐに貯まるんだろうし、もう事実上独立してますよね。

野：ところで、1回の取引で司法書士、請負契約、リフォーム、保険、土地家屋調査士、引越し業者、すべてからキックバックを受け取ることを業界では何ていうんですか？　まさかグランドスラム？

あ：グランドスラム（笑）。エクセレントすぎる。

よ：仲介だけじゃなくて司法書士でも、10万乗っけてバックしようとしますからね。そうそう、●△の司法書士（笑）。ここだけの話、【B】銀行指定の司法書士も、多分その銀行の偉い奴に金払ってるんじゃないかな。だって、やたら高いもん（笑）。会社の案件から発生した仕事を、知り合いの業者に依頼して紹介料を会社の売上にいれるのは整合性あると思いますが、個人の口座にKBや司法書士の仕事的には倫理的に処罰されNGだったり手綱難しいですね。

あ：ア、アンパイア、いかがでしょうか。

野：10はやりすぎ。相場の倍とかだから。アウト！

【売買仲介・買取再販編】

ウル技 #23

カタツムリ買取法

—信じる者は奪われる—

信じるものは不動産業者に汁を吸われる。

おしゃべりゴリラbot
@oshaberi_gorira

【カタツムリ買取法】
売却委任預かる→3ヶ月囲い込みその間に集客→焦る売主に自社買取提案→決済→軽くリフォームして囲い込み顧客に売却。昔流行った業者有利なハメ技。事実、低価格帯の顧客はそれで簡単に不動産屋を信用してしまう。詐欺と言っていいと思う。
午前8:00・2018年11月21日

18件のリツイート　43件のいいね

難易度	★★★★★
知名度	★★★★☆
応用度	★★★☆☆
被ダメージ	★★★★☆

ウル技度 B+

適正価格にするには時間が必要!?

野：これは酷い…そうか。不動産犯罪行為大全集でしたね。

よ：詐欺だと思います。風間さん怒るよ、そりゃ。

あ：さんわりゅうつうふどうさんに500円でワンルームをかいとった猛者がいると聞いたことがあります。

よ：これはよくない。500円！　デメキンでも800円くらいしますよ！

よ：吉牛のAセットやん（笑）。

あ：500円玉を放り投げて床で鳴った音が所有者の心を折ったみたいです。

よ：あくのさん、今カタツムリの話です（笑）。

野：昔、ガチンコラーメン道で佐野実氏が弟子のラーメン食って、10円をバンって置いて無言だったら弟子、死んだような顔してました。

あ：ようすけさんも、自宅の仲介を他の業者にやらせて100円叩きつけて欲しい。昔そんな会社あったんす。

よ：100円（笑）。みんな元オークラや三和系？

野：三和銀行系ってまあああるんです。

よ：へー、だから三和はクソとみんな言ってるんすか。

あ：使い込みの荒行にトライする行員が後を絶たない印象があります。

野：そ、そんなことない！　囲い込みや住み替えでハメるのは心ないす。

売却委任さえ貰えば あとは煮るなり焼くなり

当社の方で
買わせて
いただきます
中古戸建て
4980万円
か…買います〜
の3の3の3
イラ
イラ

買主がホントにいないと信じさせれば勝ち！

よ：低価格の方がグリップ出来るし、単価低いから仲介したくないんだろうけど。キツイな、と思います。

あ：エントランスに吸殻を撒いて建物評価を下げる伝統的大技林があるときいたことがあります。チラシも積極的に床に落とすと、さらにいいみたい。

野：長ネギの青クビとかおいとくと翌朝臭そうですね。今はＤＭ祭りなんすかね、物上げ。社内は女性沢山いて穏やかなのに……。

よ：これ実名にしたら僕ら取引二度と出来ない……。

あ：もういろいろ詰んでるのかもしれない（笑）。

よ：レインズから電話してもガチャ切りなら、売主飛び込みます。

野：どうなんでしょうね、ちょっと疎いんですが。昨日、デベの区分買い取り部門とチラっと話ししましたけど、オーナーチェンジ物件買って寝かせておく以外買えねーって言ってました。

よ：売主さん、みんな高値目線で今は業者買取厳しそうですね。

あ：目線高いですねー。委任預かってもなかなか目線厳しす。塩まかれるまで売主宅に通うしかないかな……。

【売買仲介・買取再販編】

ウル技 #24

社有物件ふかし法

—仲介業者は新たな金融業!?—

高金利の借金も住宅ローンに混ぜて低金利におまとめ!

おしゃべりゴリラbot
@oshaberi_gorira
【【社有物件ふかし法】
ネットに掲載しなかったり、他社を挟まない事により自社物件なら融通が効く技。例えば借金が300万ある顧客に2000万の物件を2300で売買契約を結び300万を返済に充てる等。顧客は15%の消費者金融の金利から0.5%に、売主は不動産が売れる世界。
午前8:39 · 2018年11月21日
220件のリツイート　310件のいいね

ウル技度	
難易度	★★★☆☆
知名度	★★★☆☆
応用度	★★★★☆
被ダメージ	★★★☆☆
総合	B+

借金おまとめ活用術

よ：これは【G】の借金おまとめサービスですね。金額を公開してなければ価格操作は容易です。レインズに1度出てしまうと無理ですね。今は銀行がレインズを見て一々確認する時代ですから。車の「諸費用おまとめローン」の住宅版で、【H】銀行システムと言えるでしょう。ただし、サラリーマンでちゃんと納税してるのが条件です。年収５００万、借り入れ２００万とか。目的は借金をまとめることなんで。物件はなんでもよくて、売れない社有物件とかを売るチャンスと聞きました。顧客もほかで買えないし、借金もまとめられるし、不動産屋も売れ残りが売れるし。顧客の支払いが滞っていて「不動産屋に騙された！」と騒がない限りはバレませんね。ただ銀行からしたら詐欺なんで。気軽にやると会社飛んじゃいます。

あ：うーむ。でもこれって被害者いませんよね。銀行だって物件も与信も評価するわけなんで。

野：誰も負けていないですね。全員Ｗｉｎ-Ｗｉｎ。

あ：３００万円分金利取れますからね。

よ：でも現金３００万余計に金取るのは。

あ：貸出高あがるし悪くないと思いますけどね。

ウル技 #25

委任物件価格下げ法
―売主の知らぬ間に鍵を島流し―

【売買仲介・買取再販編】

問い合わせが少ないときは鍵のありかを疑え

> はと ようすけ
> @jounetu2sen
>
> 【委任物件価格下げ法】
> 渋谷の物件なのに千葉に鍵がある場合、仲介業者はワザワザ鍵を借りに行かない、案内の選択肢にならないケースが多く、それで売主に案内数低いと価格を下げる技。俺は白金の物件を茅ヶ崎に鍵借りに行った。リハウ●いい加減にしてくれ
>
> 午前9：05 · 2018年11月21日
>
> 7件のリツイート　21件のいいね

難易度	★★★★★
知名度	★★★☆☆
応用度	★★★★★
被ダメージ	★★★★☆

ウル技度 B

支店はもはや同業他社!?

よ：これはみんな怒ってると思います（笑）。

野：最近はオートロックだし、管理組合がうるさいから、って言いますよね。

よ：不自然に鍵を現地に置かないで、両手や買取狙うんすよ。合法的囲い込み（笑）。死んだほうがいいす。カギは系列店に置くか、地元業者に依頼するのが普通ですから。なぜ遠方（笑）。

あ：ゴミですねー。仕事してて楽しいのか、そういうことする連中にぜひ聞きたいです。

野：きっと自社の他店舗間はライバルなんだってことなんですよね。

よ：最大利益狙うとこうなりますよね。顧客第一主義はどこへ……。

野：売主がかわいそう。これは人としてもどうかと思う。やり方がセコビッチだもん。どこから見ても道徳観がないのでアウト。

よ：あちゃー（笑）。さっきからアウトばかりでセーフがないすね。

あ：業界的にはセーフかもですけどね。

野：道徳の問題。

あ：【ー】は道徳アウト……と。

ウル技 #26

重説表現法

野：これは文学ですんで。

あ：エクセレントですね。さっきまで全部脱法で金抜く話しかなかったですから。説明される方へも丁寧さありますし。このように話せる人はモテますね。

よ：「将来わかんねーよ」しか言ってなくないすか（笑）。

野：おいしいやまずい、好き嫌いにも言い方があるんで。

よ：日本語難しい（笑）。

まるで現代文 豊富な語彙と 読解力の戦い

おしゃべりゴリラbot
@oshaberi_gorira

【重説表現法】
例えば既存不適格の物件の場合、「再建築の際は同等の建物は建築出来ません」と「現在の法律では同規模の建物は再建築出来ない可能性がありますが、将来再建築される場合はその時の法律で建築されます」では意味する内容は同じだけれど成約率は全く変わる。

午前10：42・2018年11月21日

52件のリツイート　161件のいいね

難易度	★★★★☆
知名度	★★☆☆☆
応用度	★★★★★
被ダメージ	★☆☆☆☆

ウル技度 C

ウル技 #27

一般媒介隠語決法

あ：これ反則なんでしょうか。

よ：レインズ的には反則すね。怒られます。隠語NGの通達が来てますから。でも、レインズで開いた図面に書くのは大丈夫です。文字の隠語はダメなんです。

野：禁止にはなりましたけど、まだ根強くありますよね。

よ：まぁ、大手ができないから忖度してんすよ、これ。

あ：じゃあこれは、民法セーフで業法はアウトって事で！

忖度？ 反則？ 大手にはできない 隙間を突くべし！

はと ようすけ
@jounetu2sen

【一般媒介隠語決法】
一般媒介3社以上ある時、大手でもない自社を選んでくれる業者は少ない。そんな時、まず図面の右下に「手数料1％出」と登録し、レインズには隠語で「手」と入れて業者からの反響アップを狙う反則技。
例ー広尾ガーデンヒルズ手
例ー恵比寿ハウス1パー

午前10：47・2018年11月21日

6件のリツイート　45件のいいね

難易度	★★☆☆☆
知名度	★★★☆☆
応用度	★★☆☆☆
被ダメージ	★★★☆☆

ウル技度 B

ウル技
#28
手数料横領法
―そもそも犯罪です―

野：これはパッと見、あと先考えないバカがやることだと思うんですが。侘び寂びはあるのでしょうか。
あ：これ、やってること「山賊」ですもんね。最終手段みたいな印象ありますけどね。
よ：後先考えずにやる馬鹿なんですが、仲介会社には一定数います。壊れた確証ないんで証拠掴みづらいんすよね。他決したら業者も連絡しませんし。別会社に出来ない場合の手段ですね。頭おかしいすけど。

【売買仲介・買取再販編】

完全犯罪のつもりが一言通報されたら一巻の終わり

おしゃべりゴリラbot
@oshaberi_gorira

【手数料横領法】
契約日に営業のみが行き、契約が壊れた形にする。そして隠れて決済し手数料は自分の口座に入れる技。これはクレームや会社に買主が連絡すれば必ずバレるのだ!! 壊れた話が多いと所有権移動してるか他の営業マンはチェックしてるのだ!!

午前11：55・2018年11月21日

13件のリツイート　24件のいいね

難易度	★★★★★
知名度	★★★★☆
応用度	★☆☆☆☆
被ダメージ	★★★★★

ウル技度
A

あ：これは実際みかけたことあるんすか？
よ：はい。店長がこれやって（以下同文）。
あ：いま店長なにしてるんすか。
よ：●▲■●▲■●▲■●▲■●▲■●▲■●▲■●▲■●。※全部実話です。作ってないです。
野：大技林やるとみんなクビとんじゃうんだ。
よ：上司や会社にチェック機能ないとダメです。営業自身も悪い事出来ちゃうとどんどん本業がダメになって退職に近づいて誰も幸せにならないんです。悲しいけど人間はお金の前では無力の方多いので、現金の授受をなくして振込みにしたり、契約に関わる取引業者を会社指定にしたり、極力業務に隙をなくすしかないです。中小にそこまで体力はないですが……。
野：経営者側がこの本を買って、ウルテク防がないとね。

アウト？セーフ
弁護士の見解

もちろん犯罪（横領、方法によっては背任）です。刑事告訴する場合は証拠が必要ですが警察が動き出せば銀行口座の入出金については警察は手に入れることができてしまうため、いかにそこまで警察を動かすかが重要です。弁護士と相談しつつ対応しましょう【PR】
（GK全宅ツイ顧問弁護士／ノースライム）

News ①

投資用マンション最高値

投資マンション最高値

昨年、東京は9%高1961万円

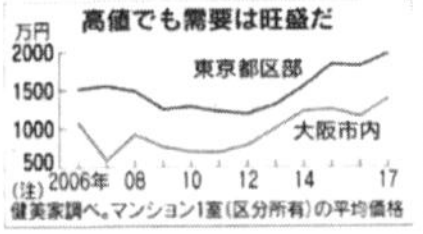

ワンルームマンションなど投資用マンションの価格高騰が続いている。情報サイト大手の健美家（東京・港）が集計した2017年の平均価格は、記録がある06年以降の最高を東京と大阪で2年ぶりに更新した。老後への不安から賃料収入を得ようとする30～40代サラリーマンら投資家の根強い需要が背景にある。

同社サイトに登録された物件価格を集計した。マンション1室（区分所有で購入）の東京都区部の平均価格は1961万円と16年比で9%上昇。従来最高だった15年（1828万円）を上回った。大阪市では1381万円と20%上がった。都区部ではアパート1棟の平均価格が初めて1億円を突破。マンション1棟も2億3258万円と9%上がり最高値となった。

医師や弁護士といった高所得層が節税も兼ねて複数の部屋に投資する例も目立つ。中古ワンルームマンション販売の和不動産（東京・千代田）によると「複数の鉄道路線が使える利便性の高い都心部の物件が人気」という。最近の株価上昇もあり、資産の組み替えを兼ねて購入する富裕層も多いようだ。

海外からの需要も旺盛だ。台湾の信義房屋仲介の日本法人によると、4千万～7千万円程度の都心部の物件を買う台湾人投資家が多い。東京に比べ安価な大阪市内のタワーマンション住戸も人気。「為替変動も含めた値上がりを期待する中国人富裕層も目立つ」（買い取り・販売業者のランドネット=東京・豊島）

投資用マンション価格は、低金利で融資を受けやすくなったこともあり13年から大きく上昇した。ただ都区部では10%近かった区分所有の平均利回りは現在5%台後半まで低下しており「価格の上昇余地は限られる」（健美家）との見方も多い。金融庁の監視強化で「金融機関の金融資産が少ない人への高額融資が下りにくくなり、買い手の層は狭まっている」（仲介業者）との声もある。

出典：日経新聞（2018年1月13日）

つまり…

投資用ワンルームの価格上昇が止まらない。背景に低金利、将来不安、海外富裕層、節税などあるが、まだ更に上昇余地はあるのか？

〈解説〉

よくな、投資用ワンルームはクソ！ いうやつおるけどな、ほならなんかあんたは他のええ不動産の投資方法知っとるんか？とか、不動産投資でなくても何で資産運用しとるんや？ あんたは？ いうたらだいたいモゴモゴいうやつばっかりや。ええか、最高値更新！ ということはやぞ、理屈上は今まで買うたひとみんな儲かっとるいうことや。知った顔してモゴモゴいうて指くわえとったやつより、アホでも買うたやつのほうがかしこかったいうこっちゃ。有閑なアホが臆病なかしこい人に勝つ。投資の醍醐味やがな。現物不動産で少ない資金で低難易度、いうたらこれはもう東京の中古ワンルームマンションしか、不動産投資初心者向けいうのはないわな。シノビーもセミナーでそうおっしゃっとたわ。なんでもやってみるんが大事や。中古ワンルームマンション東京でも1戸たかが1千万か2千万や、死にわせんわ。それで試しにやってみたらええがな、不動産投資な、考えるな買え！ の精神、結構大事なんやで。（全宅ツイのグル）

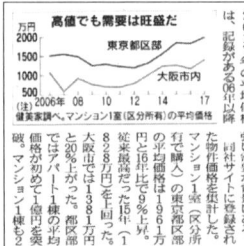

News ②

TATERU業務停止

アパート施工のTATERU
業務停止命令へ
融資資料改ざん

アパートの施工、管理を手がける東証1部上場のTATERUが、建設資金の借入希望者の預金データを改ざんしていた問題で、国土交通省は同社に業務停止命令を出す方針を固めた。預金残高を実際より多く見せ金融機関の審査を通りやすくしていた。国交省は会社ぐるみで改ざんし、不正が全国に広がっていることを問題視し、行政処分に踏み切る。

国交省は21日に宅地建物取引業法に基づき、同社に対する聴聞を開いたうえで、業務停止命令を出す。停止期間や業務の範囲は今後詰める。

同省によると、2015~18年の間、10都府県の不動産取引336件で、銀行に提出した資料で借入希望者の預金残高を水増しするなどの不正が見つかった。営業部長や部長代理ら31人が改ざんを主導していたとみている。

同社は18年9月に外部弁護士らによる調査委員会を設置。全社員の6%にあたる31人の営業社員が不正に関与し、350件で不正が見つかったと公表していた。報告書では過度なノルマにより資金の少ない顧客とも契約させるため書類を改ざんしたと結論付けた。

出典：日経新聞（2019年6月18日）

つまり…

投資用アパートを売ってたTATERUが、お客の預金残高を水増しして銀行から融資を引き出していたのがバレて一か月の業務停止命令。

〈解説〉

こういうウルテク…というか融資詐欺なんですけど…をやってる業者は数多あれど、みんな銀行にバレて取引停止になると解散して、またすぐに別の会社を作ったりするので。こうやってきちんと業務停止処分まで出るのは珍しいですね。とはいえTATERUのアパートに融資する銀行はなく、リストラと在庫処分しかやることがないのでいまさら感もあります。

ところで預金の水増しなんですが、1億円近いアパートをフルローンで買うんだから貯金5万円でも500万円でもどうでもいいじゃないか、貸せよ。…と、お思いかもしれません。ところがこれ銀行目線では貯金がちょっとある人とぜんぜんない人は違うんですね。収入400で50貯金できる人は、収入500になったら150貯金できる。しかし0の人は、500になれば500、600になっても600ぜんぶ使っちゃうわけです。そういうタイプの人に家賃を渡したら、あとでリフォームも修繕もできなくなっちゃいますよね。我々大家というのはみな自制心のある、目の前に置かれたマシュマロを35年我慢できるタイプの人種なのです。

（どエンド君）

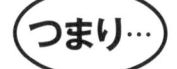

News ③

FKRオークション×競売

負動産対策にネット競売

安い手数料 ただでも売りたい

出典：朝日新聞（2018年10月10日）

つまり…

リゾマンや田舎の土地など売るに売れない負動産をネットオークションで取引できるサイトが登場。負動産対策の切り口になるか！？

〈解説〉

ばーかばーか！ なるわけないじゃん。…と、思ってサイトをみたらもうだいぶ新着物件がないし、そろそろ新聞記事から１年が経つのに物件番号も20件ちょっと。もうこれはほとんど脈がないですね。残念ですが生まれた時から死んでいるサービスだと思われます。

考えてもみてください、負動産とは持っているだけでお金が減る物件です。バブル期に建てられたリゾマンなど家賃よりも管理費が高いマンション。誰も借りてくれる人がいないのに税金や草刈りの手間だけがかかる僻地の土地。もはやこういうのは不幸の手紙と一緒じゃないですか。自分では捨てることができず、誰かに押し付けない限り自分が不幸になる。正真正銘の負動産です。取引手数料がどうとか、インターネットがどうとか、そういうのは関係ないのです。目先のお金のために、不幸を引き取ってくれるやぶれかぶれになった人を探して押し付けるしかない。どうぞ、これからも大切になすってください。

（どエンド君）

『不動産関連調査にも一言あるで』

毎日出てくるあらゆるデータ…
その裏側、周辺情報について全宅ツイの分析は？

Data ①

不動産事業者のイメージ 1位は「口が達者」

出典：【調査】不動産事業者のイメージ 2019（リビン・テクノロジーズ株式会社）

〈分析〉

不動産業者のイメージ。口が達者、しつこい、強引、地域に詳しい、コミュニケーション能力が高い…なるほど。私も本当に日々そう感じています。たぶん一般の方が触れ合う不動産屋さんは、お部屋探しの賃貸仲介やマンション売買仲介なので、よりそう思うのではないでしょうか。

彼らは人と不動産を結びつける仲人です。たくさんのカップルを作ることが仕事なので、最大限にその不動産のいいところや魅力をアピールして伝えます。さまざまなお客さんに会っていきなり収入のことや家族のことを聞かないとなりません。離婚や死去など微妙な話題も避けられません。そりゃコミュ力も鍛えられ、口も達者になりますよね。なにより仲介業の報酬は成約しない限りもらえないタダ働きです。いつまでも決められないお客さんに時には強引に決断を迫り、それまでの努力を無駄にしないために食い下がることもあるでしょう。一生懸命に仕事をしてやっていると、だんだん職業と人格が混ざってくるものです。　（どエンド君）

Data ②

4割超がマンションは買い時

出典：「新築分譲マンション購入意向者アンケート」（MAJOR7）

〈分析〉

いつも思うんですが、マンションの買い時ってなんなんと思うんです。買い時だったらいますぐ買うんか。売り時だったらいますぐ売るんか。そうじゃなかったら考える意味なくないですかね…。言いたいことはわかります。同じような年収なのに35年ローンを抱えた時期や場所によって、家賃ただで1千万円の含み益が出る人と、賃貸以上にお金が減って自宅を売っても借金が残る人がでてくる。そんなのは嫌だ。ババは引きたくない。いまはマンションを買っていいの、どうなの、という気持ちはわかります。

でも不動産屋に行ってマンションを買いたいんですと言えば、いまが買い時、どれだけ取得支援があるか、ローンが条件がいいか、ちょうどいい物件が！…と言われるでしょう。そんでもってマンションを買ったあとは、早く売らないとたいへんなことになる、不動産をもってるとお先まっくらになる、いまならお前のマンション限定で探している人がいる！という手紙が届きます。もううんざりだ。回答数は1でいい。買いたい10割になったら買うし、売りたい10割のときに売るんだ！

（どエンド君）

【売買仲介・買取再販編】

ウル技 #29

自社HPならなんでもあり法

―お前のものは俺のもの―

無断広告掲載、罰金は払う？

あ：賃貸だと承諾なしで掲載してる剛の者けっこういますよね。

よ：まずお客様のふりして物元は電話してきます、そして部屋番号を聞いてきます。

無断広告をみつけた物元が輩口調に豹変！

早川
@AD300__

【自社HPならなんでもあり法】
自社HPの掲載物件に、他社管理や無関係のオーナー所有物件を勝手に掲載し［他業者取扱不可］と全物件に記載して、顧客を独占していく荒技。おとり広告等と厳しい時代にも関わらず動じない強靭なメンタルが必要である。

午前9：48・2018年11月21日

2件のリツイート　17件のいいね

難易度	★★☆☆☆
知名度	★★★★☆
応用度	★★☆☆☆
被ダメージ	★★★☆☆

ウル技度 C

ど：まだこの段階では部屋違いの可能性もあるから……。

よ：確定したら「ありますじゃねーんだよ」と輩口調に変化。昔の刑事ドラマで、取調室で容疑者に最初は優しかった刑事が、タイミングを見計らっていきなり凄むみたいな感じ（笑）。

ど：うははは。こわいよー。

あ：10年以上やってて止めてない人いるから、怒られても一定の効果あるんだと思う。

ど：無断広告掲載 金108万円也。

あ：「上等だよ！ 請求してみろ」って、さっきようすけさんがうちの事務所で叫んでました。

よ：言ってません……。

あ：請求されてみたい。社長がみやざきふみおみたいな勢いで事務所にくるのかな。うちも帯に入れてみます。「書いてありますよね！ 請求するって！」

よ：ネットに出すと価格下がる物件もありますからね。1回、「さんタメできなくじゃねーか！ 事務所来い！ 土下座しろ」って、レインズ物件でさんタメ？ と思いながら怒られたことがあります。

ど：なるほどー。（レインズ物件でさんため？

ウル技 #30

木造4階建

—仲介の味方、修正液—

違法建築にローンをつけるには…

よ：これは、平成元年から10年に2階建申請してグルニエ3階建っていうのが超流行ったのと同じスキームすね。増築して違法建築になっててもそれなら修正液でワンチャンありそうじゃないですかね。

売れるためにはあらゆる手段を尽くすべし！

おしゃべりゴリラbot
@oshaberi_gorira

【木造4階建】
3階から伸びる階段。そこを上がると、子供部屋や荷物置き場にちょうどいい6帖の空間が。赤い銀行を通す為、マイソクの4階部分を修正液で消しました。

午前8：27・2018年11月21日

9件のリツイート　15件のいいね

難易度	★★★☆☆
知名度	★★★☆☆
応用度	★★☆☆☆
被ダメージ	★★★☆☆

ウル技度 C

野：違法建築の容積オーバーの検査済なし（笑）。

よ：そのまま出したら都市銀行通らないから修正液す。平成元年から10年の中古戸建には多いすよ、違法建築。検査済みは当時取らないのが当たり前でした。今は必ず取ってます。

野：容積オーバーでローン通らないです～みたいなマイソクよく見ますよね。もう一部屋欲しいし、ずっとここに住むつもりなので売らないからと買うときは思うんすよね。

よ：容積オーバーは、ある意味広く使えるから売らないなら正義です。建物に資産価値なくても土地値では売れますから。

野：減築して遵法性たもつようなリフォームローンってないんだろか。

よ：減築しても構造計算とか3階建必要だから出来ないんじゃないかな。あんま減築聞いたことないすね、個人売主。

よ：基本、違法建築は狭い土地にやる訳だから、減築したら土地50㎡で住むスペースが50㎡とかになる（3階建なら75㎡あるけど）みたいな物件多いすけどね。

【売買仲介・買取再販編】

ウル技
#31

借入額アップ年収増加法

—年収アップ㊙テクニック—

年収で審査されるなら上げるまで！

あ：これも銀行うっちゃり系ですかねー。

よ：これは予算以上の物件欲しい場合すね。お金ないとローンすぐ飛ぶんで、実家が太い人、奥様収入あって払える人すね。税務上、最終的に修正申告が必要なんで、仲介の知り合いの会社か、顧客の知り合いの会社に頼む。確か、納税する分には拒否されないので、昔は出来ました。僕がいた会社は、「ローン通せるのが営業力」という信仰でしたから、新しい裏技共有スピード早かったすね、犯罪だけど。でも、今は修正申告の時点ではじかれるので無理です（笑）。

大手仲介では相手にされない人を救う⁉

野：一応税金を納めているし、源泉や課税証明をいじっているわけではないので、公文書偽造にはならないのか。

よ：いや、源泉もいじりますよ。だって働いてない人の200万の源泉作って修正申告すから。これはオフレコですが、●▲でやってました。あの辺って、年収400万以下ばかりでローンで大手に冷たくされた人ばかりなんすよ。必要悪。

あ：これちなみに使用頻度どんなもんですか。

よ：僕はやらなかったすけど、まわりはよくやってました。やはり一度難しい人通すと、ネットワークでそんな人

そういえば俺
バイトしてた気がする
してたしてた

おしゃべりゴリラbot
@oshaberi_gorira

【借入額アップ年収増加法】
今の年収だと借り入れ額に年収倍率が足りない場合、知り合いの会社でアルバイトしていた形にして、源泉作って修正申告からの課税証明発行。いまはもう修正申告してるだけで審査弾かれる時代になったから無理って先輩が言ってました。失敗したら税金は個人負担です。

午後0:28 · 2018年11月21日

3件のリツイート　9件のいいね

難易度	★★★★☆
知名度	★★★☆☆
応用度	★★★☆☆
被ダメージ	★★★★☆

ウル技度
B

ローンが組めない人にとって命がけで大技林をキメる仲介は救世主。

しかし銀行にとってみれば犯罪である……。

ばかり来るんすよ。みんな何かしら傷抱えた顧客なんで●▲は。6割以上は不正してました。

野：「俺でもローン通ったからお前もようすけんとこいってみろよ！」的な口コミなんすね。

よ：多い人はそればかりになるんで。不正ローンばっかり。数字作れるし。いつか時限爆弾は爆発しますが、●▲は多いすね。都内は属性良いから通るんでないす。

自らを信じ、貫いた先とは

あ：この手の尊皇攘夷を貫く人ってどんな方なんすか。

よ：その人は固い人でしたね。そんな事しなくても売れる。プライド高くて。実際、月数件は売ってて、年収も2000近くありましたし。これはオフレコですが、▼■×▼■×にハマって5000万溶かして自己破産しました。いまもどっかで不動産屋やってるはずです。

野：また大技林やったやつ地獄いってるじゃねーかよ。

あ：ちょっと耳が腐ったみたいなんで、次行っていいすか（笑）。

ウル技
#32

案内順番法

―物件魅力引き出し術―

【売買仲介・買取再販編】

条件の悪いものを先に見せれば際立つ物件の魅力。

おしゃべりゴリラbot
@oshaberi_gorira

【案内順番法】
当て物件→本命物件→対抗物件と本命物件を輝くために案内する技。待ち合わせ1件では決まらない理由がここにあって、出来るだけ本命物件が輝くように当て物件を選ぶのが営業の腕だったりする。キャバクラでも同じ手法が使われてる。
午後0:29 · 2018年11月21日

26件のリツイート　60件のいいね

難易度	★★☆☆☆	ウル技度 C
知名度	★★★★☆	
応用度	★★★★☆	
被ダメージ	★☆☆☆☆	

美人を輝かせる引き立て役

よ：これは当て物すね。どの業者もやってます。

野：新庄先生の本（不動産マン必読の小説「狭小邸宅」）にもありますけど、昔からの伝統芸能だと思います。

よ：視覚の錯覚やらないとダメです。

あ：錯覚なんだ。

野：錯覚なの？

よ：勘違いさせるんすよ。だって普通に見て、普通の価格で気に入りますか？　いきなり北川景子はなかなかいないですけど、イモト見たあとに大沢あかね見たら感動するでしょ。

野：一長一短の物件2つを並べるわけではなく明らかに大きく下回る物件→本命ということなんですね。

よ：そうそう。まず敷地延長の真っ暗な家みせて、整形地行く。うるさい物件見せて、ちょいうるさいの見せるんすよ。1年目で習います。ただし、北川景子が好きなのか伊達公子が好きなのかは、よく顧客の好みを把握しておかなければダメ。たまに伊達公子で決まることもあるんで、思い通りにならないすよ。ただやらないと伊達公子すら決まらないす。

野：わかる。あれだけ刺さんなかったのに「この玄関いいわ～」って決まったことがありました。そんなラッキーパンチもあるけど、ごく稀で、顧客が本命物件で絶

いつの時代もどこの業界も
当て馬や引き立て役は必須。

ごくまれに、イモト好きな殿方もいるわけだけど…。

頂に達するように、オーダーメイドのストーリーを作り上げていくのが大事ってことですよね。

よ：必ず比較対象を見せるんです。直接お問合せ物件や興味ある物件を見せても決まらないし、手抜きと上司に怒られます。

あ：怒られるんだ（笑）。

よ：問い合わせ物件に直接待ち合わせで決まるのは運です。運だけだと3ヶ月契約ゼロで業界から去ることになるので、なんとか比較や当て物件で感情揺さぶります。

野：でも問い合わせ物件が見れないと途中で帰っちゃうお客さんいません？

よ：良い質問ですね。やりすぎると途中で「もう良い物件ないなら帰る」と本命に行く前に帰られちゃうケースもあるので注意です。感情商売の難しいところです。営業マンによって年間1億円やる営業マンもいれば500万の赤字社員もいます。

野：そこで同じ物件でも営業マンの差がでてくると。

あ：これはセーフだと思いますが。もう伝統芸能的なあれだと思うので。

野：セーフ。不動産無形文化財です。腕の見せ所ですね。

【売買仲介・買取再販編】

ウル技 #33

自己資金増額法

―これぞ本当の数字のマジック―

指先ひとつで収入が激変するもちろん違法技。

おしゃべりゴリラbot
@oshaberi_gorira

【自己資金増額法】
ピンセットによる通帳の切り貼り。先輩に6を取ってと言われて落ちてる9を取ったら「これ9だろ、ちげーよ!!」と怒られた事ある？俺は、あるよ。

午後0：37・2018年11月21日

9件のリツイート　24件のいいね

難易度	★★★★★	ウル技度 S
知名度	★★☆☆☆	
応用度	★★★★★	
被ダメージ	★★★★★	

手先が器用なだけではNG!?

野：6と9は違うんですか？

あ：フォント次第ですけど天地があるんですよ。

野：あくのさんわかるんすか？（笑）。

あ：わかります。並べたら、だいぶ違うんで。ただ、どっちが6でどっちが9かわからなくなるんすよ……。

よ：基本、コピーからの切り貼りメインなんで解像度わざと下げるために何回もコピーしたり合わせたりします。やるなら完全犯罪です。

あ：9のほうがハネの受けがひろいフォントが多かったかな。

よ：クリエイティブ（笑）。

あ：その差で契約も会社も命運変わるんですね。

男と女・不動産屋・6と9

よ：フォントって流通はいいですけど、ミニ地場とか指定ないすもんね。

あ：分業体制にしないと不正が止まらないのでは…。今は原本確認の時代ですけど、最終的に原本すら作る業者出てきます。コピーの銀行が狙われがちですが、敢えてコピー提出を容認してる銀行は自ら隙を作って案件集めてるって先輩がえっちな酒場で妄言つぶやいてました。

よ：でもこれ被害者いないやつですよね。

野：いない…の……？

よ：た、たぶん。【G】もやってるからセーフ。

野：じゃあ、せ、せーふ!!!

ウル技 #34

カルピス商法

―心理的瑕疵希釈術―

原液が濃くても薄めたら、ほら

野:これはバス停移動しちゃうウル技といっしょで、その瞬間しか騙せないすよね。薄めて重説から消えても、隣のおばさんに「前に住んでた田中さんもまさかあんなことになるなんてね……。え、知らないの?」って言われでもしたら一巻の終わり。「あー○○があったとこね」って近所はみんなそこで起きた事件のことは知ってる。

ど:自殺した人と同じ甲区に並んで自分とこの名前がのるより、ロンダリングされたきれいな謄本の方が気持ちはいいかもね。

野:たとえ事故物件で載ったとしても大島てるからも消えるシステムがあると便利ですね。

ど:課金すると消せるプラン作って欲しい。

よ:告知事項のラインって難しいんすよ。たとえばマンションでエントランスに飛び降り自殺した場合、部屋からかなり遠い場所で。これが事故物件か否かなんすけど……。

野:セーフ! セーフ!

よ:みんな細かな事気にせず生きよう。いずれみんな死ぬから。

野:そうそう。なるべく自然死しようぜ!

ど:最後は自宅の敷地の一歩外で自然死する。

よ:這って事故物件にしない不動産聖人。

野:そのために道路があるんだ。

ど:オレたち道路で死のうぜ!

もしかしたら過去にその物件で事件があった!?

そん
@big_crypto6oku

【カルピス商法】
Aという土地に心理的瑕疵があるとして、B土地に合筆しAという土地をこの世から抹消。さらにBをC,D,E,Fに分筆し普通の土地として販売。このようにして心理的瑕疵を極力薄める販売手法を我々は「カルピス商法」と呼ぶ。もちろん重説にも物件状況にも記載しない。

午後8:20・2018年11月21日

79件のリツイート 234件のいいね

難易度	★★★★☆
知名度	★★★★★
応用度	★★★☆☆
被ダメージ	★★★★☆

ウル技度 **B**

ウル技 #35

ありよび

—買い手集めには甘い餌—

甘い言葉には裏がある

あ：これ大技林でいいのかな（笑）。
野：おとり広告ってやつじゃ。
よ：イケイケな賃貸業者はまだやってると思いますよ。
あ：広告用にホントに一室逆ザヤサブリースで借り上げておとり広告かわしてる、女子アナ失格がいました。
よ：広告用で数年前の図面登録してる業者も処分されてますね。
あ：ちなみに、はとさん、これやったことは？
よ：▲▼■▲▼■▲▼■▲▼■▲▼■▲▼■▲▼■。
野：お客さんきました？
よ：来ましたよ。カウンター座って言い訳するんすよ。嫌悪施設とか。今はやってないです。ないものは「ない」って正直に言います。大昔の話です。

賃貸なら一室借りてルアー釣り！

野：賃貸は手軽なんでしょうかね。一室地元のいいのを借りとけば。売買だと今はやりにくい。
よ：売買はしたことないです。
野：客付け賃貸は、まずお客さん来店しないと商売にならないですからね。決める速度感も賃貸は速いから。
よ：賃貸なら普通は契約率４割くらいですね。中には10割契約する化け物いますけど。

白砂糖は正解 ところが砂糖には 黒いものもある。

おしゃべりゴリラbot
@oshaberi_gorira

【ありよび】

ネットに掲載した物件は顧客の目に止まるくらいの優良物件、顧客が来店するまでのタイムラグでなくなる確率は高いが「ありますよ」と呼び理由をつけて別物件に振り替えするのがありよびと呼ばれてます。「ある」って言って呼んだらすぐ店の下にいる時もあるから注意が必要な技だ！

午後0:39・2018年11月21日

12件のリツイート　13件のいいね

難易度	★★★★☆	ウル技度 C
知名度	★★☆☆☆	
応用度	★★★★☆	
被ダメージ	★★★☆☆	

広告に出ている優良物件は蜃気楼の可能性あり

ほーれほれ♫
良さげな物件ですよ
フラフラ…
2005
売約済
売約済

見えるけれど決してたどり着けない物件たち……

あ：たしかに、それはありますねー。

よ：もちろん、本当に良い物件は業者専用サイト（レインズ）に登録されて、民間のポータルサイトに転載されるまでタイムラグがあるから…今日あっても明日ないとか仕方ないんですが。

野：今日物件あるって行って店に翌日行ってなかったら帰りたくなる。

よ：帰らないで！話だけでも聞いてあげて（笑）。本当に借りたいニーズを掘り出すのが営業だから。反響が鳴る物件と契約する物件は大体違うもんすよ。

あ：ちなみに、いまはこれやると指導とかかかるんですか。

よ：都市整備局かと。

あ：うへー。取り消しまであるやつか。

よ：専任未登録とかと同じレベルすよ。処分された業者を見ると、主任者いないパターンか、広告違反が多かったすね。

あ：囲い込みとかと一緒で対お客さん向けのウル技ですね。これはどうですかねー。業法的には厳しいし、アウトなのかな……。

野：こういうわかりやすい嘘は業界全体のイメージを落とすのでアウトにしましょう。

ウル技 #36

忍法瞬間移動の術

―パワハラには忍術が有効―

獣を見たらかかわらずに逃げる

あ：これひどいですね。

よ：まあ、これも僕なんすけど。

あ：最後はバックレると。

よ：辞めるというと、ゴリラが延々と説得するんすよ。

朝、いる社員でもランチタイムは逃走を警戒すべし。

はと ようすけ
@jounetu2sen

【忍法瞬間移動の術】
会社を辞めようとするとパワーゴリラ達から全力で止められるため、朝一会社に誰より早く行って荷物とパソコンを持ち蒸発する事。
新人は昼の弁当を買いに行ったまま、まだ会社に帰ってきません。

午後9：20 · 2018年11月21日

14件のリツイート　28件のいいね

難易度	★★★★☆	ウル技度
知名度	★★★★★	B
応用度	★★☆☆☆	
被ダメージ	★★★★☆	

あ：説得すごいすもんね。

よ：自分のミスすから辞めるのは。責任問題になる。

野：まあそうなりますよね。

よ：だから朝いなくなる人いるんすよね。

野：なるべくゴリラにあわないようにするんすね。でも、今の時代はこういう辞め方が主流なんですか？　理由はともかくとして、ただのバックレでしょ。黙って逃げ出すのは社会人としての常識が備わってないように思うのですが、それだけ追い詰められちゃってるのかな……。

よ：だって朝から深夜まで働ける、体力おばけのゴリラ営業マンに止められたら無駄にくどくて長い俺様自慢のミーティング終わらないですよ……。ちなみに朝の朝礼では誰も触れずに、昼くらいに「あれ？　彼どうした？」と会話に出るイメージす。辞め方としては最悪すけど不可抗力。誰もが被害者。

パワハラゴリラに怯えるくらいなら「逃げるが勝ち」って誰か偉い人が言ってたような…。

まだ遠くには
行っておらぬ！
探すのじゃ！
ハッ！
辞表

ボスゴリラのバナナタイムに逃げるのだ！

退職とバックレは紙一重

あ：『狭小邸宅』のあれすね。「いえ、木村はまだ出社してません……」

よ：気持ちはわかります（笑）。それです。軍隊は大体これすよ。

野：でも、逃げ出しちゃうようなやつでしょ？ そんな根性ないようなやつでも、いきなりやめられると困るんすかね？

よ：困らないけど、上司がその上司に、その上司が上の上司に。怒られが発生して、最後に末端にくる感じですね。

野：そうか～。組織の評価がありますもんね。自分が火の粉を被ることになっちゃうのか。

よ：ストレスの流しそうめん説。

野：マネジメントできてねーよ！ てめー！ とか。

よ：でも、成績残してる奴はそんな辞め方しないす。やるのは1週間から半年くらいの奴すね。僕のいた会社は1年続くの1割でしたから。1日でやめるのもいたし。

よ：かなしくなってきた。

野：ちょっとうなぎたべてきます。

ウル技
#37

指輪技法
―家庭持ちが安心される傾向―

【売買仲介・買取再販編】

新人にはきつい？お客様を安心させるやさしい嘘

はと ようすけ
@jounetu2sen

【指輪技法】
ファミリー物件を売却するのに偉そうに提案するのに、独身はマズイという事で指輪をし既婚自宅持ちを演出。そうやれと指示を受けた新人君は「自分、色んな嘘つくの辛いです」と会社に来なくなりました。みんなでお迎えに行きました。優しい世界。　午後9：16・2018年11月21日

20件のリツイート　40件のいいね

難易度	★☆☆☆☆	ウル技度 D
知名度	★★★☆☆	
応用度	★★☆☆☆	
被ダメージ	★★☆☆☆	

客のニーズに合わせるための指輪

あ：これは僕もやったことあります。ほんとうにすいませんでした。

よ：独身や家買ってないとダメ理論すね。人間として上に見てくれない人いますから（笑）。

あ：たしかに。要は説得力の根拠をつくるやつですね。言っていることと背景を合わせるために指輪すると。

野：だからしらいしさん（お友達の地上げ屋さん。プロの業者としか仕事をしない。もちろん独身）、リテールやらないんだ。できないんだ。

あ：お金持ちって自分よりお金持ちからしか話聞かないですもんね。

よ：そうすね。後は自分が気持ちよくなれる人、順従な人すね。あとはマメさかな。

契約に必要なのは演技力!?

野：あーその点ぼくは馬鹿そうに正直そうに見られるんで言うこと聞いてくれますよ。頭の良さ求められない。

よ：同じタイプ（笑）。お金持ちって小難しい生意気な奴嫌いだから。

野：頭よさそうな人は離れてく。かなしくなってきた。

あ：かなしくなるね、これ。

野：やめようよ。

よ：馬鹿演じて可愛げ大事す。あ、演じなくても馬鹿……。やめようか。

【売買仲介・買取再販編】

ウル技 #38

売主様への価格交渉法

―値こなしは腕の見せ所―

業者買付でダメージを売主様に与えてからエンド買付で仕留める!

おしゃべりゴリラbot
@oshaberi_gorira

【売主様への価格交渉法】
売主様の売却希望価格が高すぎ事態が硬直した時にする技。まず希望金額よりかなり低い架空の申込を持参し、現実を理解して頂く。突っぱねられるがボディーブローのように次の本物の買い付けで効く。先輩はそれで選任を切られた。

午前7：38・2018年11月21日

34件のリツイート　141件のいいね

難易度	★★★★☆
知名度	★★★☆☆
応用度	★★★☆☆
被ダメージ	★★★★★

ウル技度 **B**

後になって効く、最初のボディ打ち

よ：投稿したの、俺です。

野：またかよ！（笑）。

よ：申し訳……。でも今の市況だとこういうの多いすよね。「高く売れるなら」って人が多くてレインズもSUUMOもアットホームもパンパンだったじゃないすか。

よ：売る必然性のない人に目を覚ましてもらうのにはいいかも。それで切れちゃう専任はいらない。大体売主様は相場より高く売りたいわけでカマシ買い付けが有効ではあります。全部業者買い付け持っていくってある人が言ってました。「いやー、専任持ってれば何か起きるから切られたくない（笑）」「助けられるんすよー媒介は」

野：なるほど業者買付でいったんガクンと下げといてエンドの買付持って行くと気分いいかも。

よ：ドア・イン・ザ・フェイスっていう心理的作戦な気がします。

よ：でも売主様にとって安全に売れるのが一番大事というマインドを持てばある程度の嘘は仕方ないんすよ。3か月半年数十組案内が入って決まらなくて、売主様疲弊して業者も無駄で誰も幸せにならないから。仕方ない、無罪。

あ：たしかに。ほんとに売りたい方はそうでしょうね。売主だって無駄な労力使いたくない。

野：理解しました。

ウル技 #39

未公開物件取得法

―演技派がゲットできる未公開物件―

抜き取り情報でも買い手が喜ぶなら盗み出すべし。

おしゃべりゴリラbot
@oshaberi_gorira

【未公開物件取得法】
未公開物件沢山取得してる業者に一般顧客として反響を入れる。資料をメールか郵送で送ってくれと言えば集まるぞ。地番を消さないソルジャーに当たれば謄本から売主アタックだ。なお、業者から電話が来た時に気をつけないと「お世話になりますー」って出て一般顧客じゃないことがバレるから要注意な。

午後0：39 · 2018年11月21日

6件のリツイート　20件のいいね

難易度	★★★★★
知名度	★★★☆☆
応用度	★★★★☆
被ダメージ	★★★★☆

ウル技度 **B**

同業者の集めた情報を抜くモズ作戦

あ：これは対業者ですね。対業者ウル技。

よ：そうすね。自分の顧客の条件を他社に伝えて未公開売主物件を取得する技す。地番消さない雑な営業ならチャンスあります。大体売主業者行くとやらせてもらえますから。【J】でやりました。

あ：なるほど～。効果はありますかね。

よ：物件から行く営業はかなり効果ありますね。未公開好きなお客様もいますし。実際、【J】にしか紹介しないで市場に出る前に【J】が決めるケース多いすから。

あ：ちなみに、これ元付けバレしたことあるんすか。

よ：ないです。間違えて電話出ても誤魔化しました（笑）。

野：よくわかんない。【J】は売主なんですか？　直で客付けしたら手数料払わなくていいのに、ようすけさんが未公開物件資料請求して「客いますよ」って言って間に入るんですか？

よ：説明します。例えば目黒で物件探してる顧客いるじゃないですか。探してもレインズには物件がない。で、【J】に僕が一般顧客のふりして「目黒で物件探してる」って言うんです。メールか郵送で資料くれと。で、未公開物件沢山あるから送ってくるんすよ。未公開は土地か建売しか基本ないので。で、地番や住所って普通は消すんすけど、雑な営業は消さないんすね。で、

えっと…『目黒で物件を探しています』
ハイいっぱんじんアピール！
カタカタ
『かんぜんなる一般人です』…っと

騙し騙され、仲介業者は一人前の営業マンとなる

人にしたことは自分に返ってくるかも…。

地番や住所をもとに売主アタックして「顧客いるから紹介させてください」と。業者は売りたいから良いよと。専任ではないから。これで買主売主両手。要は【J】から情報だけ抜く技すね。いけないいけど。建売か土地は未公開多いんで、やってる業者結構いると思いますよ。売れば未公開優先で来ますから。僕、今は建売やらないから、もうやらない技ですね。【K】って業者や、おしゃれ3階建物件が多いです。

あ：ちなみに、これら大技林ひとりで回すものなんですか？　それともチーム？

野：チームでやれば片っ端から引っこ抜けそうですね。

よ：僕は個人でした。

あ：1日48時間あるのかな。

よ：営業チームある会社はやってるかもすけど、会社がらみでバレたら死にますからね。

あ：あー、なるほど。専任じゃないのに囲ってる業者から売主を守る正義のヒーローですね。

よ：物件会員登録して情報抜くやつと一緒すよ。

野：売主買主はハッピーだからセーフかな。

よ：ハッピーハッピー。専任じゃないし。

あ：（ようすけさん、勤め人やる意味ないのでは……）

ウル技 #40

宅建士名義貸し

—有資格者がいなくとも成り立つ実務—

姿はなくとも契約には参上!?

野：五人に一人必要な宅建士と会った事がない会社で働いてました。会ったことがないんですね。

よ：僕に先輩が「重説練習しとけよ」って言ってたの未だに考えてしまいます。

重説に駆け付けてくる名義貸し

おしゃべりゴリラbot
@oshaberi_gorira

【【宅建士名義貸し】
五人に一人必要な宅建士と会った事がない会社で働いてました。

午前8：14・2018年11月21日

22件のリツイート　54件のいいね

難易度	★★★☆☆	ウル技度 C
知名度	★★★★☆	
応用度	★★☆☆☆	
被ダメージ	★★★★☆	

野：え？（これ本になるの大丈夫かな……。月３万のサブスクリプション［※］でした）。

よ：僕は流石に読まないですけど。社内で誰も会ったことのない人のハンコがあるって話は賃貸では聞いたことがあります。カタカナ系賃貸はあると思いますよ。名義貸しはサブスクリプションの走りだけど見つかると処分です。

あ：ほー。

野：サブスクリプションていうとかっこいいですね。

あ：今時だからね（笑）。

よ：これ大丈夫かな。記憶が曖昧だからいたかもしれない気がする。多分いた……かな。

よ：過去にとらわれたくないので忘れました。

野：深くは聞かないでおきます。

［※］【月３万のサブスクリプション】　宅建を取るだけ取って余らせてる人から月額３万円で宅建士の名義だけ貸してもらうの意。重説のときだけ呼ばれて、どこかからかキーコキーコと自転車を漕いで現れて重説をして帰っていく。本当は違法だけど、相場は月３～５万円。

ウル技 #41

マイナスがプラスになる裏ワザ

—重宝されるエクセルの達人—

細かいことは気にさせないが鉄則

よ：これは知らない（笑）。

野：好きな数字って……。8とか儲かりそう（笑）。

よ：固定資産税・都市計画税税は場代だから収支計算に入れないってゴリラめちゃくちゃな事言ってたから。

収支を気にする買い手がいたらエクセルマジック

おしゃべりゴリラbot
@oshaberi_gorira

【マイナスがプラスになる裏ワザ】
新築1Rの収支計算エクセルの起動時に↑↑↓↓←→←→BAと入力すると謎の節税ページが出現し好きな数字を打ち込むと年間の収支がマイナスだったはずがあっという間にプラスになるらしいよって非常階段の誰もいない薄暗い場所で偉い人が言ってました。

午前7:48 · 2018年11月21日

10件のリツイート　12件のいいね

難易度	★★★★★
知名度	★★☆☆☆
応用度	★★☆☆☆
被ダメージ	★★★★★

ウル技度 A

野：今、ワンルームって持ち出しは当たり前なんでしょ？　僕の先輩が買って「月2000円の持ち出しだから保険と考えればいいかなって」って言ってました。

あ：たしかに深いマイナスでなければ気にしない人います。

野：先輩に細かく聞いてもよくわからないと思ったので聞かなかったんですが、多分そういうことです。

あ：デニーズでメニューの値段見ない人とか。2000円掛け捨て死亡保険と同義なら確かにそうだ。

よ：なお空室で2000円どころじゃなくなる模様。

野：その人、40歳独身大手勤務。

よ：独身なら意思決定ひとりだから決めやすいんすかね、漠然と不安だし。

野：密漁くん（ワンルームを電話で売らせたり買わせたりできる知人）が「僕らは金魚売ってるんです。金魚買っても金魚鉢や餌代ってついてきませんよね。別途お金払って買いますよね？　固都税ってそういうことですよ」って言ってて、僕、全力で頷いてしまいました。

よ：例え芸人かな。それでも市場次第で勝ってよかったになるから不動産は面白いすね。

あ：勝てる場面で売れば、究極期中は負けててもかまわないですもんね。

ウル技
#42

無限印紙
―節約はどこの業界でも基本―

【売買仲介・買取再販編】

収入印紙はリサイクル

よ：確かにローン通る前に契約して印紙を貼ると無駄になるから、コピー機に印紙を貼った風にしたことはあります。もちろん契約したらちゃんと貼りましたが。

野：おっと。

よ：あれ税務署に提出申告するまでに貼ればいいんすよね。印紙何度も使いたくなる気持ちわかりますが、ローンまだ見えない取引で契約するときはとりあえずこの技で場を凌ぎたくなる気持ちになるのかな？　もちろん

領収書の出ない印紙購入代行はこづかいに変わる

おしゃべりゴリラbot
@oshaberi_gorira

【無限印紙】
押印前の印紙に薄ーくスティックノリを塗っておくんですね。押印されたあとの印紙を洗うとあら不思議。もう1回遊べるではありませんか…「領収書は出ないんですけど代わりに印紙買っときますよw」って言ってた先輩今は何してるんだろ…

午前7：49・2018年11月21日

38件のリツイート　72件のいいね

難易度	★★★★★
知名度	★★★★☆
応用度	★★★☆☆
被ダメージ	★★★★★

ウル技度 A

スティックのりを印紙表面に塗ってコーティング

割印を押して完成！

［再生方法］
1、未使用の印紙の表面を、スティックのりで二～三回塗る
2、印紙が乾いたら、契約書に貼り、割り印を押す完全な契約書の完成
3、銀行で目的をはたしたら、契約書の裏からハガロンを塗り、キレイに印紙を剥がす
4、剥がした印紙を水洗いする。印紙の表面をのりでコーティングしてある為、印鑑の朱がキレイに洗い流せる
5、印紙を乾かし、再利用する。再利用は二回まで、三回やると印紙がボロボロになります

スティックノリで1万円が浮くなら……。

塵も積もれば山となる。しかし…
その山はいつか三倍になって襲ってくる。

こういう技はバレるまでやめられないからタチが悪い

契約やローン固まったら貼るんでしょうけど……。

あ：見つかってから貼ればいいかな、くらいの認識の会社もありますよね。

よ：確定申告の時に提出して貼ってないと怒られて3倍払わされる記憶があります。

あ：まじかよ……。国税庁だからマジっぽい。

よ：3万貼らずに確定申告したら9万だ（笑）。アカン申告するまでに貼りましょう。

容赦ない税務署からのペナルティ

あ：ほらこれみてください。

よ：これなんすか。

【令和元年度 印紙収入予算1,049,000（百万円）】

よ：1兆円だって……ファー!!!（笑）。

あ：きてる。そりゃ3倍怒りたくなる気持ちに頷ける。こんなに追加徴税で持って行けるなら、法務局に隣接する印紙売りのおばちゃんの給料はここから支払いされとるんやろか……。あの箱に入ったBBA達の会社どうなっとるんやろ？

よ：利権にまみれたい……。利益率ヤバそう。就職して法務局に住みたい。

ウル技 #43

さんため以前

—買値と売値の隙間に忍び込め—

【売買仲介・買取再販編】

売値に納得すれば誰もが儲かる究極の販売術

全宅ツイのグル
@emoyino

【さんため以前】
仲介「この不動産なんぼで買う？」不動産屋さん「6億やな」仲介「ほな6億より下がった分の半分業務委託でわしにくれるか？」
不動産屋さん「まあええで。」仲介「売主さん、よかったな。あんたの希望の5億で買う人見つけたで。」

午前8:32 · 2018年11月21日

43件のリツイート　150件のいいね

難易度	★★★★★
知名度	★★★☆☆
応用度	★★★★☆
被ダメージ	★★★★☆

ウル技度 **B**

双方合意ならみんなが幸せ？

よ：これ仲介でも基本で買主には満額（高く）、売主には指値キツイで合意させて、契約時まで合意価格言わない方法に近いすね。

ど：知ってる情報を隠して1億も抜いてずるい！　と思うか、みんなハッピーと思うのか。

よ：ただ先にいい事言うと不満やネック出てきた時に幅ないから話壊れるんですよね。

ど：そうですよねー。だいたい想定外のことは悪い方向に出てくるから。

よ：営業なら幅持たせるのは良い事で、売主買主納得してるならセーフな気がします。

ど：そういえば先日、1億で買えたら4千万くれって図々しすぎるおじさんがいました。他人様の不動産なのに、口先だけでどうかと思いますよね。だからあんまり腹がたつから「領収書くれるなら払いますよ！」って言ってやった。

よ：（笑）。領収書はほら、足がさ……。

ど：でも契約できたけど、売主が違約金払って2億で他の買主に売っちゃったんだよね……。もしかして、おじさん天使だったのかもしれない。

よ：安く売るように話すテクニック料！　1億安くできるのはすごい。

ど：いまは三為すれば決済資金がなくても、希望価格聞いてから、それより安く仕入れてきてサヤとれますよね。裏で差額くれくれおじさんは減っていくのかな。

ウル技
#44

フラット35売却条件法

—売りますといえば低金利!?—

なんだかんだお得なフラット35

よ：当時流行りました。２件目も低金利は嬉しいから……。
野：今はもうできないとして、昔やってる人がバレても「やむを得ない事情で賃貸」とかになればセーフなんでしたっけ？

多発した技ゆえ目をつけられて消えゆく運命。

おしゃべりゴリラbot
@oshaberi_gorira

【フラット35売却条件法】
フラット35は売却条件出せば現在の住宅ローン借り入れを返済比率に入れないため多発した技。2件目をこれで購入し人に貸してる人も多い。今は売れたか確認するようになったから不可。

午前7：57・2018年11月21日

9件のリツイート　21件のいいね

難易度	★★★☆☆	ウル技度 B
知名度	★★★★☆	
応用度	★★☆☆☆	
被ダメージ	★★★★★	

よ：やむを得ない事情（転勤や子供がいじめられて転校、など）ならOKですよね。
あ：（子供いじめられ……？）。
よ：子供がいじめられて転校しなきゃとかのやむを得ない事情です。
あ：いじめてる親の金利3倍にして欲しい。
よ：昔は2件目フラットで買う場合、1件目売るフリして貸せたんすよ。今は売れたか確認と追跡するってアルヒ言ってました。
野：子供がいじめられるの嫌だけど、そのたびに低金利でローンひいて家が増えるスキームは難しいですか？
よ：新しい（笑）。やむを得ない事情転居スキーム。
野：「お前今は虐められてるけどな、俺らが死んで相続したらきっと幸せになれるからがんばれ！でも無理はするな、どんどん転校しろ！」
よ：ワロタ。倫理問題！
あ：おもしろーい。
よ：1件目を人に貸して2件目フラット。1件目は売る約束なんだけど「売れないんすよー」とずっと逃げてた人いました。有耶無耶になるまで。高く売り出せば売れないから絶対。

ウル技
#45

フラット適合証明発行法

—持つべきものは頼りになるスペシャリスト—

【売買仲介・買取再販編】

ローンのために長期修繕計画書は常備すべし。

おしゃべりゴリラbot
@oshaberi_gorira

【フラット適合証明発行法】
フラット適合証明には「長期修繕計画、もしくは長期修繕計画案」が必要だが、管理会社が作ってない場合、仲介会社が勝手に作った案でフラット35適合証明を出す建築士が重宝されている。

午前8：08・2018年11月21日

13件のリツイート　36件のいいね

難易度	★★★★★
知名度	★★★★☆
応用度	★★★☆☆
被ダメージ	★★★★★

ウル技度 **B**

コピペでもいいから長期修繕計画書

野：一般的に長期修繕計画がないとローンも通らないですよね？

よ：銀行は大丈夫です。あくまでフラット35です。銀行そこまでみないすから。

あ：長期修繕出してくれるとこありますね（製作お願いしたら24万くらいしたけど……）。足元見られたのかな、やたら高い（笑）。

野：長期修繕出すとは、それっぽいのを勝手に作っちゃうってことですかね？ やっぱクリエイティブな作業になるから。高いのかな。

よ：24万は高いすね。

あ：高いよ、安くして！ ってお願いしたら14万になった……。

よ：あんなのフラット用ならエクセルで（以下住宅金融支援機構にポアされました。

よ：昔は案でよかったから、案作ってた仲介いっぱいいましたよ。今は厳しくなって案では無理で管理組合のちゃんとしたやつじゃないと。

あ：管理会社は長期修繕作ってください。

よ：ホントですよ。だってフラット使える使えないで売買価格1000万変わる場合ありますよ、今。特に旧耐震の借地区分。ローンキツイすもん。

35
先生はこうおっしゃった
「長期修繕計画を出すことなどたやすいことだ」と
ははー
長期修繕計画とは読んで字の通りあくまで計画なのだ。
だから計画することと実現できるかは別である…。

あ：あれなんでつくらないんだろう。結構大きいとこでもあるよね。ほかの物件のコピペすれば5分で作れるのに。火災保険とかは長期修繕ないと加入できないから、自主管理のとことかは管理会社いれて製作しますよね。

適合証明は建築士頼み？

よ：旧耐震がローン通りづらくなった今、フラット頼みな物件あるから管理会社さんお願いします。適合証明出すのに苦労するの現場辛いす、建築士先生も。

よ：あと、これは絶対に収録出来ませんが、ほかの★△の★△×★△×を×★だけエクセルで変えて★△×★△×★△×★△×に、★△×★△×を△×してもらう裏技はありますが、これバレたらマジ大問題になるので収録はご勘弁を。

野：すごいの出てきた。

よ：多分、次に社会問題になるのは、仲介やなんちゃって業者がやっている、★△×★△×★△×★の★△×★です。

ウル技 #46

シモキタの空手家法

―キーボックスには回し蹴り―

【売買仲介・買取再販編】

よ：これは禁じ手（笑）。気持ちわかるけど。

ど：しんじ先輩、こんなことをしていたら宅建士の身分を失って南の島に……。

あ：うち何億でもキーボックスだけど大丈夫かな。

よ：ダメです（笑）。立会いしてくださいプロポライフさんみたいに。

勝算があるなら強引な力業でライバルを排除。

おしゃべりゴリラbot
@oshaberi_gorira

【シモキタの空手家法】
申込貰って買い付けがローン内定先着順の場合、ローンが通るまで現地のキーボックスを壊し他を案内させない行為。出禁。

午前9：05・2018年11月21日

25件のリツイート　65件のいいね

難易度	★★★★★	ウル技度 B
知名度	★★★☆☆	
応用度	★☆☆☆☆	
被ダメージ	★★★★★	

野：高級キーボックスありませんか？

よ：億は立会いでお願いします。富裕層は担当がメーターボックス探す姿を見てテンション下がります。

ど：弊社の3桁万円は水道メーターのふたの下にあります。

野：やっぱり立ち会いって雰囲気出ますよね。僕が住んでるエリアは99％現地対応キーボックスです。オートロックのとこで敷地端っこの草むらに隠してあったことがありました。

ど：良い。玄関横のフェンスにキーボックスがいっぱいついてると、住人の方も嫌だと思うんで……。草むら推奨したい。

野：オートロックだからメーターボックスや窓格子？　につけられなくてエントランス付近は管理人に怒られるので草むらに突っ込んであったんですよ。

あ：大家さんから鍵もらう時に「隣の空き地に置いといてください」って言いたい。

野：鍵みつからないと焦りますね。これからマンションは1本エントランスの横に鉄棒を作っとくといいかも。

ポスティングで鍛えた強靭な足腰から蹴りを放ち、キーボックスを再起不能にするのだ!

ム…まだ鍵があるのか?
ちぇすとーっ!
キェーーッ!
せいっ!

あらゆる場所に潜むキーボックスを壊せるようでなければならぬ。

「この鉄棒があることで将来マンション売却する際にキーボックスが設置できます。」って重説に書くとか。

ど：あたらしい。キーボックス掛け。

あ：キーボックス掛けアリですね! 作ってみたい!

よ：キーボックス高いから盗むやついますからね(笑)。

野：え、キーボックス盗むの?(笑)。

あ：ようすけ「いいじゃん、その程度の部屋じゃん」

よ：言ってません!

ど：なんかキーボックス減っていきますよね。

あ：ようすけさんは何時くらいにキーボックス盗みに行くと一番やりやすいの?

ど：ようすけさんはだいたいキーボックス100個あつめて幾らで売れるんですか?

あ：色んな種類だと値段が下がるから同じ種類のキーボックスを集めようとするようすけさん。色んなキーボックスを事務所で背中を丸めて仕分けしてるのユーチューブで流して一攫千金したい。

よ：……。

ウル技
#47

捨て看集客法

—古典的な怒られ系集客術—

【売買仲介・買取再販編】

罵詈雑言あれど効果は抜群

あ：ホッとした。
よ：横浜とかは数回で罰金か業務停止と、けっこうヤバいらしいすね。
あ：えー。横浜そうなんすね。

コスパ最強
センス炸裂
怒られ上等

おしゃべりゴリラbot
@oshaberi_gorira

【捨て看集客法】
効果は抜群だか警察に見つかったら3時間コースの怒られが発生する違法技。イケイケ仲介がやる傾向がある。捕まったら『「自分の意思でやりました。会社は関係ないです」と言うのがテンプレ。』と教えてくれた先輩は違う罪で捕まりました。祈ります。 午前7:58 · 2018年11月21日

83件のリツイート　203件のいいね

難易度	★★☆☆☆
知名度	★★★★★
応用度	★★★☆☆
被ダメージ	★★★★☆

ウル技度 B

よ：横浜はかなり厳しいらしいんすよ。コーンもないし、街の美化にうるさい。だから、誰もやってないからチャンスと思ってやると死にます。東京だと、貼った瞬間の現行犯しか捕まえられないです。立ちションと同じレベル。
野：「不動産情●センター」って書いたフリーダイヤルのパイロンが城南には多いんですが、なんなんすか？会社名がないやつ。
あ：よく見かけますねー。あれ電話すると、ようすけくんに繋がる？
よ：僕には繋がらないです（笑）。あれは、広告会社噛ませてる体にしていて、名前出せないんすよ。出したら怒られるから。
野：怒られ防止なんだ。
あ：じゃあ実態は担当者に繋がるんすか？
よ：そうです。知り合いがやってます（笑）。女性オペレーター噛ませてます。業者のクレームや警察もあるのでダイレクトにはつながらないようにしているんです

何度怒られても「自分の意思でやった」と答える。この追いかけっこは永遠に終わらない。

捨て看は現行犯以外はお咎めなし。敏捷性を鍛えるべきか。

よね。大体借地や変形地すけどね。割安しか反響ならないすから。昔の【C】もアレよくやってましたよ。あくのさんは詳しそうですが。

ステ看って違法なの？ OKなの？

あ：ぼくは戸建やったことないので、全然わからないんですよ。

よ：あれ不動産広告としてはNGです。土地や建物、用途地域や容積、媒介書かないと刺されます。

あ：ほー。書いたらセーフ？

よ：書いたら不動産広告としてはおそらく刺される確率低いすね。でも、全部書いちゃうと現実がバレて反響来ないんで。

野：汚い街に多い気がします。うちのまわりも面積表示がない広告ペタペタ貼ってある。「3LDK！　新築！」としか書いてない。

あ：金額、面積、築年数の3つが多いすね。アンパイア、この技はどうでしょう。ぎりぎりゲームの範囲なんでセーフぽいですけど。

野：セーフ！

検証『捨て看板のある風景』最前線

そうだ、全宅ツイに聞いてみよう！

ネット時代にも関わらず、減るどころかさらに増えているような「ステ看」…

もし連絡したらどこにつながるの？

反響は？

掘り出し物はあるの？

街にあふれる看板かんばんカンバン…。
その中でも一際香ばしいのは不動産の看板、
いわゆる「捨て看板」だろう。
街の景観が…なんて声もあるにはあるが、
その実、なかなか味わい深く、趣のあるものも多く存在する。
これらは一体誰が何のために、そして誰のために
貼られているのか？ また、その実態はどうなっているのか？
いくつかの実例を眺めながら、
プロフェッショナル集団に聞いてみた。

Q.1 不動産の『ステ看』とはそもそも何なのか？

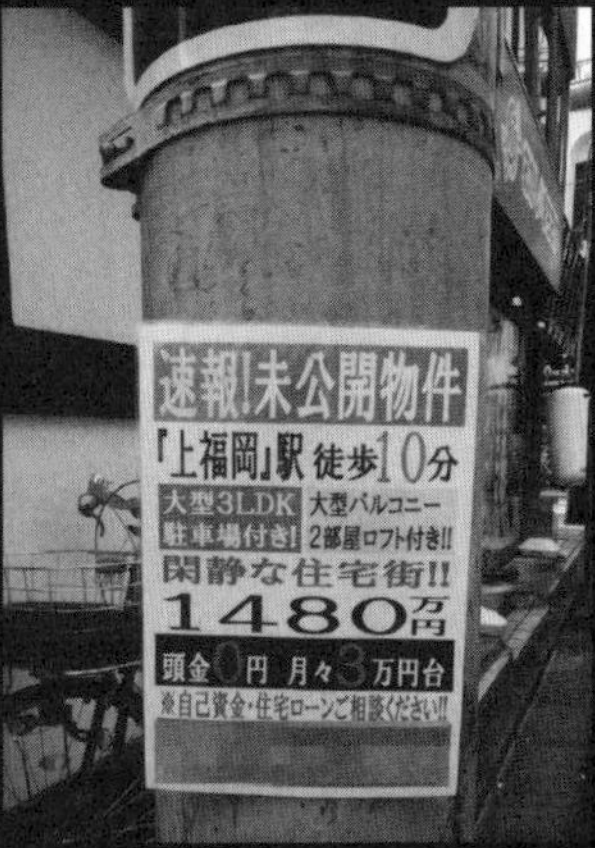

電信柱 TYPE 1

誰もが一度は見たことがある電柱に貼られたタイプ。画像の広告では「速報」というニュース性のある（ない）フレーズに担当者の「売りたい」強い思いが感じられるが、本件の売りは「閑静な住宅街」である。

パイロン TYPE 2

カラーコーンの先に貼られたタイプ。内容は凡庸だが、設置場所は駅の地下鉄出口のため、階段やエスカレーターを上がってくると嫌でも目に飛び込んでくる一流の仕事。家ではなく「邸」とあるのも乙だ。

Answer

電柱やパイロンに貼られたうさんくさい不動産の広告をみたことがないか？ 通称、電ビラ・捨て看などと言うよ。その効果は絶大で、ポスティングなんかとはぜんぜん違う反響があります。いや…あると言われています。だいたい違法です。

※平成27 年に実施された東京都都市整備局によるキャンペーンでは2ヶ月で6千枚以上の違法広告物を除去したが、その9割が不動産業のものであった。

Q.2 誰がつくって貼っているの？

問い合わせ先

「住宅●●センター」などの転送用フリーダイヤルも多いが、個人の携帯番号らしいものも散見される。社名や固定電話の番号をいれないのはクレームや監督省庁へのチクリ防止のため。

Answer

業者がつくって、アルバイトさんが悪いことと知らずに貼っていることが多い。たまにイケイケの業者や、違法とは知らず「研修」という名のもとに行なっている無垢な若い社員もいる。

※軽犯罪法/道路交通法/道路法/自治体条例など、多くの法的な禁止根拠はあるが、基本的には現行犯でしか取締ることはできないのが現状。

Q.3 怪しいものも多いけど…中には掘り出しものもあるの?

家買ます

内容はさておき…捨て看板は回収を前提としていないため、このように朽ちることなく残るケースもある。しかし…これは訴求力はあっても、本気の問い合わせは少なそうだ。

新着・希少・高級住宅街

狭小邸宅のお手本のような3階建のパースがついてますね。こういう広告を見るときは語られていないところに注目した方が情報を得ることができます。そう、土地面積が書いてない。

Answer

ない。 目的は、顧客リストを収集したい場合と、売りたい物件がある場合とがあるけど、だいたい反響さえまずはとれれば他の物件にふって契約に持ち込めるという感じ。でもプロが見てもつい電話したくなっちゃうこともあるので、一定の集客効果があることは否定できない。

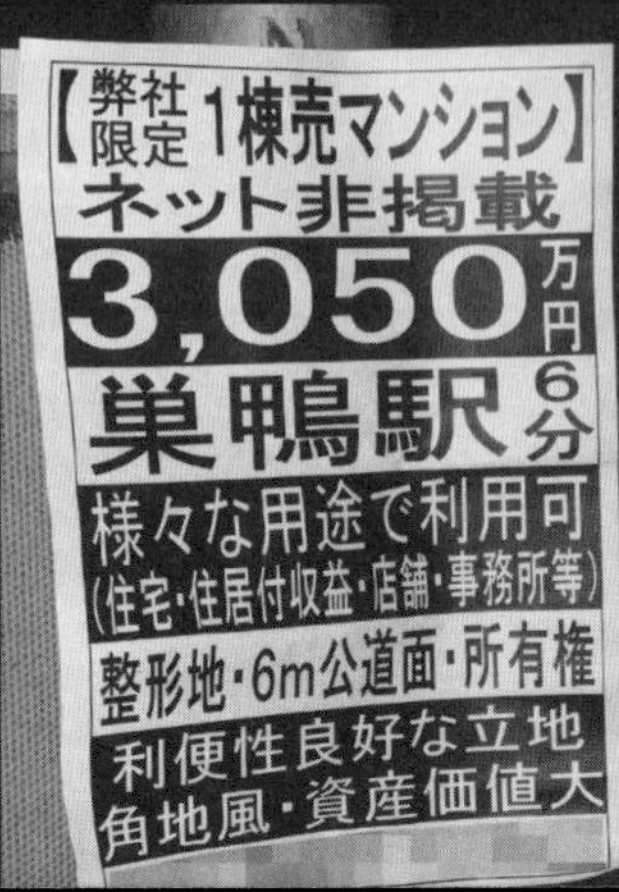

1棟売・限定・ネット非掲載

山手線6分。しかも区分ではなく一棟まるごとのマンションが3050万円!ネットに掲載されてないから、これは電話して聞くしかない!…そうやって投資家のリストが集まるのです。

Q.4 どうして詳細が書かれていないの?

未公開だから

ラミネート効果か、風にはためく広告よりは信頼できそう（そんなわけない）。家の大きさも部屋数もわからないけど安い気がする。そうやって人は自分に都合よくものごとを想像してしまう悲しきいきもの。

必見だから

必見だから。日当たり良好だから。大型だから。ぜ〜んぶ俺の主観。でもこれを日当たり地域ナンバーワン!とか新宿で最高の家とか書くとダメなんだよね。俺はちゃんと不動産広告表現ルールは守る男（その前に捨て看が違法である）。

Answer

だって、詳細をちゃんと書いたら反響がないでしょ。ぜんぶ書くと特定されて捨て看をチクられるし、いいとこだけ書けばあとはみんな自分に都合よく想像してくれるからだよ。マスクをしてると美人に見えるのと同じ仕組みなのかな。

ステ看の最期

死

近隣住民や同業者の仕業だろうか…無残にも怒りのビリビリという憂れき目に遭った広告の欠片。人や車に踏まれ、もはや誰からの反響も望めない。ある意味では、正しいステ看の最期といえよう。

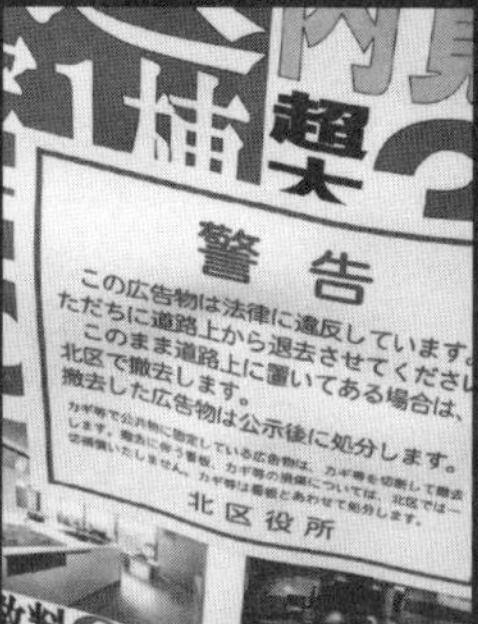

怒られ

行政からの指導…これは痛い。ちなみに、もっと厳しい地域だと「業停」も十分にあり得るので、聡明な本誌読者諸氏には、改めてこのような行為のリスクを肝に銘じていただきたい。

ウル技 #48

ストーカー？

―まるで刑事…先輩たちの張り込み武勇伝―

【売買仲介・買取再販編】

会いたくて会いたくて震える

野：刑事（デカ）ですね。

あ：れーさむりさーちのお兄さんが2時に手付取りに行ったって聞いたことがあるんだけど。

よ：先輩の話スキーム。

契約を決めるのは話術とウル技と諦めない根気

ぷん太
@55openman

【ストーカー？】
先輩の話ですが「買うから今日は待って」と言ってから電話に出なくなったお客の自宅前でパンと牛乳を持って張り込み。深夜、帰ってきた被疑者を確保。「○○さんですね。いやー待ちましたよ」とにこやか話を始めたみたいです。「いい時代だった」と言ってました。
午前8:00・2018年11月21日

22件のリツイート　64件のいいね

難易度	★★★★★
知名度	★★★★☆
応用度	★★☆☆☆
被ダメージ	★★★★☆

ウル技度 B

野：なんで、みんな次の日まで待てないのかな。

あ：確かに張り込みとかはしたことあります。顧客に会うまで帰れない、みたいな。

よ：結論を取る仕事なので仕方ない（開き直り！）。

野：夜中はラーメン食いたいけど、朝になったら味噌汁がいいときがほとんどですから。

あ：ラーメン（笑）

野：気持ちがラーメンから変わらない夜中のうちに……。

…来ちゃった。

あ：ようすけさんは最高で何時まで張り込みしてたんですか。

よ：僕は泊まりです。

野：すんごい。

よ：張り込んで翌朝声かけるパターン。あ、いま完全に読者が引いてるのがわかります。

野：今日中になんとか契約の答えを聞かないと、明日はないって気持ちなんですか？

(ずっと)お待ちしていましたよ…
契約書
ガッ
この契約が成立するまで、
きっと彼は今夜も帰らない…

振り返ればヤツがいる!?

よ：そうすね。軍隊なんで答え出さないと居場所ないから……。会社にクレームあって「買うときはようすけから買うから今日は帰らせて」と張り込み中に電話来た事があります。

野：頭おかしい。

会えるまで帰らなければお客様にはかならず会える。

よ：1反響とるのに数万円かかってるわけで、とにかく会わないと帰らない営業とかいましたよ。必ず顧客に会うのを自分のルールみたいにして。ただ、営業成績はめっちゃ良かったす、その人。会うのは基本。

野：今は通報されるかな。

あ：たしかに会わないと何も進まないというのはわかります。

よ：みんな「ヤフー！ニュース」で俺をみかけてもスルーしてね。

野：スルーします。

【売買仲介・買取再販編】

ウル技 #49

合法的媒介囲い込み法

―一般でも専任以上の影響力―

両手を得るならあえて茨の道を進むべし

おしゃべりゴリラbot
@oshaberi_gorira

【合法的媒介囲い込み法】
あえて一般媒介を結び他社仲介を排除する技。売主側を他社の妨害や助言を無視してくれる程の超グリップ力、自分で1決めれる低価格に抑えれる等が合わせればこれが一番強い。業法違反ないし。唯一他からの妨害リスクはあるが両手にできる可能性が高い。
午後0:28・2018年11月21日

4件のリツイート　6件のいいね

難易度	★★★★★
知名度	★★★☆☆
応用度	★★★★☆
被ダメージ	★★★★☆

ウル技度 B+

よ：専任媒介はレインズ登録義務があるので他社が買主様を連れてくると共同仲介になって、売主から手数料をしか貰えないんですね。ただ、敢えて一般媒介で売主様から依頼を頂くことによりレインズに載せず、自社で買主様を見つけることで両手にする技です。もちろん一般媒介でも自社で広告を打つわけですから、それを見て他社も売主様へ飛び込んできます。ただ、売主様と強固な関係があればそれを全部断らせて、実質は専任で他社を排除できます。僕の経験した事例だと売主様が友人の不動産会社に一般媒介で相場よりかなり安く依頼しているケースがありました。価格が安ければ業者に卸したり、自社で買主様を見つけたり、かなり売却の難易度が下がるんですね。売主様へ飛び込んで安すぎると話をしましたが、「友人に依頼してる。数十年来のアイツがそんな悪い事する訳ない」と聞く耳持たず、相場よりかなり値段安く販売してました。7掛け〜8掛けです。

あ：実際、7〜8掛けで売った十数年来の友人と仲介は、その後も友人関係が続くんでしょうか？

よ：もう洗脳レベルで、話聞かない人だから続くと思いますよ。お互いさまというか、です。

あ：仲介は売主の性格を完全に見切ってるんですね。

よ：はい。もう金としか見てないと思います。買主側にとっては歪な価格査定で安く買えるからメリットなんですよね。そういう事情か、売り急ぎ・訳あり・価格の

人間力が勝負のこの世界…
しっかり売主の心を掴んだヤツが金持ちになれる

こうなってしまってはもはや何を言っても無駄。

付け間違い以外は安く買えないですから。

あ：これいろんなパターンありますよね。法人仲介だと役員案件とかで、人生を賭けたお付き合いをしている業者で無いと触れないとか。もうそういうのは一般媒介も巻いてないけど。

あ：この結託力がブローカーの本領？

よ：そうすね。仲介にとっては「お任せします」で全権委任される誉れです。その信用を悪用してってのが人間としてクズなだけで。営業としては素晴らしいです。

野：なるほど。うちは古い付き合いでも一見さんでも専任とって、レインズ載せちゃう会社なんであんまわかんないけど、相場で落ち着きますね。

よ：訴えられたら負けると思います。訴えられなきゃいいって話でもないすよね……。

あ：うーん、相場より安いって言われて訴えられたって話きいたことないんすよね……。

野：友人だからって基本的に高く売れたり安くなったりはなりませんよね？

よ：応援したいって任す人いますが、それを逆手に取るのはどうかと（笑）。

野：法的にはセーフであとは個人の裁量ですかね。

ウル技 #50

残置物無料撤去サービス
―不法投棄は犯罪です―

ゴミは捨てるのにもお金がかかる

よ：これはアウトだ……。

ど：逮捕されるまで板挟みになった仲介かわいそう。

よ：ゴミ捨てるのお金かかるんすよ。

ど：どれくらいの残置物だったんでしょうね。濡れたマットレスから、PCBまで色々あるから。

よ：PCBは洒落にならないでしょ。

ど：逆にたまに古い雑誌とか、おもちゃとか、骨董品とか、お宝がでてくる残置物ドリームあるらしいですよ。いつも業者さんに頼んじゃってるから、もしかしてお宝を見逃してるかもしれない。

よ：ファミコンのカセット出てきたらください！

ど：残置物処理費用も高いですよね。日当が高いとか、処理場がいっぱいで単価が高いとか、色々言われるけど…物件に住み込んで、毎日ビニール袋と粗大ごみシール貼ってコツコツ捨てたくなる。

よ：僕も売主担当だった時、ベランダのルーフバルコニーの石を突然買主がいらないって言い出して、汗だくになりながら車に運んで廃棄業者に依頼したら4万かかりました。しかも自腹（笑）。

ど：自腹（笑）。

よ：それが4桁手数料もらえた方だったんで請求出来ないすよ……。

部屋の不用品は産廃業者に引き取らせなきゃ

STEP☆MAN
@kuso_fudousanya

【残置物無料撤去サービス】
引渡迄に売主による残置物撤去を約定するも撤去しない売主、仲介に詰め寄る買主。板挟の仲介は熟慮の末決断します。後日、室内は空になり売主買主大満足。しかし仲介の姿はありません…警察に逮捕されていたのです。みなさん、不法投棄は犯罪ですよ！
午前8:39 · 2018年11月21日

17件のリツイート　29件のいいね

難易度	★★★☆☆
知名度	★★★★☆
応用度	★★☆☆☆
被ダメージ	★★★★★

ウル技度 A

不用品の不法投棄問題は建築現場だけの話ではないのだ。

売り主のためを思うなら投棄は厳禁

ど：おおー。４桁万円ならわがまま言われても致し方なしですね。

よ：石、50個近くありました……。コンクリートすね。

ど：ひとつずつ石を捨てて帰ったらわからないんじゃ……。お巡りさんがあとをたどったら、ようすけさんの家の前にたどり着くけど。

5年以下もしくは1000万円以下！

よ：一応、「不法投棄」「罪」で検索したら結構捕まってるので大問題になる前に業者依頼しました。

ど：ようすけさんが一度も前科をつけることなく生き延びてきた知恵はグーグル検索にあったんですね。グレーと黒の境目のとこ、めっちゃ詳しいですよね。しかし契約するまでと、そこから決済までの間で、微妙に売主・買主の力関係かわりません？　いままで買主有利で話が進んでいたのに、なんか契約したあとに出てきた問題は、こまかいこと気にすんなよ、というノリになって買主負担になる。

よ：素晴らしい買主さま。

ど：もしかして仲介にいいように操られているんかな……。

ウル技 #51

営業は自分を売れ

—ただし売るのは操ではない—

【売買仲介・買取再販編】

色仕掛けに乗るか乗らぬかは自分次第!?

よ：素晴らしい女性。

ど：大技林もなにも、ただの枕営業やないか。

よ：枕営業ですがそれで不動産売るのも才能だけど、ファミリー物件は奥様旦那様だから難しい。僕もお客様の自宅行ったら奥様ネグリジェだったことあります。

ど：おお！

よ：なぜか家族いなくて（笑）。

ど：すごい！ ほんとにあるんだ！

よ：下着姿で営業と会うとかおかしくないすか（笑）。ヤバいと思ってすぐ帰りました。

ど：帰っちゃったのかよ！

よ：なお、手を出さなかった事により理不尽なクレームが会社にきた模様……。

ど：紀州のドンファンはコンドームの実演販売を農家の奥様にしてまわって財を成したというのになんということだ。

よ：素晴らしい人材（笑）。でも、僕にとっては細木数●すけど、旦那様にとっては深田恭子の可能性あるし嫉妬されるから距離感大事です。今なら抱けます。連絡ください。

ど：連絡ください（笑）。でも、枕はとも

その蜜ツボは入ると出れないウツボカズラ

ぷん太
@55openman

【営業は自分を売れ】
人から聞いた話なんですが、ある店にとてもかわいい女の子が入社したらしいんです。それはもう、周りの店からも噂になるくらいの。当然お客様からも大人気で、ハゲたおっさんから「君は若い頃のノリピーにそっくりだ」とか言われてました。
午前8:41・2018年11月21日

19件のリツイート　25件のいいね

数か月後、その子がそのハゲとやっていた事が発覚。問いただすとその他複数のお客様とも…
「だって、買ってくれたから」と悪びれずに話すその子に課長が激昂したのは、課長もその子と関係を持ちちょっと本気だったみたいで。
「いい時代だった」とこの話をしてくれた人も、たぶん…
午前8:42・2018年11月21日

19件のリツイート　38件のいいね

難易度	★★★★☆
知名度	★★★★★
応用度	★★★★★
被ダメージ	★★★★☆

ウル技度 A

女の色気は客だけでなく
時として、上司の心もわしづかんでしまう

えぇ～だってぇ～
買ってくれたからぁ～♥
ダメ。
ゼッタイ。

愛社精神が旺盛なのはけっこうだが、社内は壊れる可能性が

かくとして、ワンルーム販社や銀行の投信営業部にはすごい綺麗な女性がいますよね。なんで儲からないものばかり美女が売る世の中なんだろうか。

よ：容姿は営業力ですからね、ある意味。

ど：ヤニ臭いおっさんとゲハゲハ概要書見ながらこの先何十年もやってくの嫌なんだけど。

よ：電子タバコになるから大丈夫。男が多い世界だから女性営業は今後価値上がりそう。男性は不動産じゃなくてお金好きな人ばかりだから……。

ど：家という夢ある商品を扱ってるのに、偏りすごいですよね。

よ：北川景子に案内されたら物件輝くから仕方ない……。

ど：ようすけ、GO！

よ：（笑）。大体夢売って、幸せな時間とか言って、クロージングしてるのに、営業自体が独身が辛かったり対比辛い。

ど：そもそも家庭が壊れた人たちが、家族で暮らす家の何をアドバイスできるというのか……。

よ：もうやめよう……。

ど：めずらしく夢のあるウルテクだったのになんだこれ。

【売買仲介・買取再販編】

ウル技 #52

ディフェンスも大切
―「ここは…絶対に、行かせない！」―

仕向ける誘導がプロの技

ど：臨場感！　これ効果ありそうですねー。
よ：これは宅建業法の外側です（笑）。
よ：でも臨場感としては、競合演出やキャンセルや売り急ぎ今なら！　と理由作るのは常套句ですね。

交渉ごとの鉄則は自分が主導権を握り離さないこと

ぷん太
@55openman

【ディフェンスも大切】
「いいですか、今回は本当に特別なお値引きです。ですのでキャンセルはできません。線、引いておきますね」と契約書のお客様控えのキャンセル条項部分を二重線で消す、当日契約率が異常に高い営業がいたという話を聞いたことがあります。（ホントかな？　午前8:57・2018年11月21日

8件のリツイート　41件のいいね

難易度	★★★★★
知名度	★★★☆☆
応用度	★★★★★
被ダメージ	★★★★☆

ウル技度 B+

ど：法律はともかく、心がキャンセルしづらくなる（笑）。
よ：キャンセルは心に来ますからね……。
ど：契約後のキャンセルってあるものですか？
よ：契約後のキャンセルはローン届かない場合が理由としては多くて、わざわざ手付放棄はほとんどないかな。
ど：ローンはもう致し方ないですよね。
よ：1回おじいちゃん即決して午前、夜に家族からの連絡で手付放棄が最短です。契約書とか準備してた物件で手付と手数料すね。
野：スクラッチみたい！
ど：毎日お爺ちゃんに売ろう。
あ：生産性すごい！　ちなみにおいくら万円だったでんすか。そのスクラッチ。
よ：おじいちゃん１０００万の戸建てで手付30万、手数料40万で買った方が良い気がしましたが（笑）。
あ：それは案内分の時給としてもらっていいかもしれない。
野：おー70万！
よ：ノリで買って70万損するおじいちゃん。

積極的な攻めこそ、不動産業界において最大の防御テクニックになり得るのだ

攻め一辺倒ではなく、鉄壁のディフェンスを学ぶべき

ど：おじいちゃん、家族から離れて一人暮らししたかったのかな……。

よ：家族は金使われたくなかったみたい。おじいちゃんのお金なのに……。悲しくなってきた。

野：それは一発狙ってますね。

よ：ところで手付放棄の経験、あります？

野：新築だと契約から金消～引き渡しまで時間が空くんです。大型物件だと1年後とかなんで。色々な事情で放棄された手付金がまた広告費やモデルルーム費用になります。新築だと最初の方は原則10%、最低5%で契約しとくんで、ひとつキャンセルでると400～700万くらいもらえるんで物件収支がどんどんよくなる謎技があります。

あ：収支がどんどんよくなる（笑）。

野：次の方に諸費用サービスしても200万でしょ？　家具サービスしても100万だから、収支改善するし売りやすくなっていく！

よ：テクニックやん（笑）。

野：だから第一期とかは売りやすいとこから売っていいから手付多くもらえって販売に言ってました。

あ：おもしろーい。

ウル技
#53

伝説の意思確認

―頷きやすい言葉を老人に―

他人の不動産を剝ぎながら生きる!!

ど：ついに出た！　伝説の意思確認。

あ：この本人確認系すごいくるなー。どエンドくんの#名画で学ぶ不動産、でしたっけ？　あれ最高でした。

寄り添い、時には手助けをしながら事務処理は進む

峰 不二夫（ツーブロちゃん）
@ebimank

【伝説の意思確認】
売主老婆「ここはどこ…？ 家に、家に帰らなきゃ…」司法書士「おばーちゃん、何言ってるのさ。ほら今日はお家とお別れする日って決めたでしょ？ね？ね？」売主老婆「あ、、あぁ…そう…そうだったかs」司法書士「はい！OK！意思確認取れましたー！！」
午前9:07・2018年11月21日

168件のリツイート　295件のいいね

難易度	★★★★★
知名度	★★★★☆
応用度	★★★★☆
被ダメージ	★★★★★

ウル技度 A

あ：何度見てもふく（笑）。#名画で学ぶ不動産の中で、これが一番凶悪でしたねー。

ど：なんか近所に曖昧になってる地主の不動産を好きなときに好きなだけ剝がして生きてる不動産屋さんがいるんですよ……。それを思いながら書きました。

よ：追い剝ぎかな。

あ：努力して国家資格を得た方が不動産屋のいいなりになってるの味わいあるなー。

ど：三為で売るんだけど、もう遠慮ないからABC同じ部屋で決済して、振込もABにそれぞれ幾らってCに指示して……。そのCがぼくなんですけど。

あ：おいくら万円抜かれたんですか。

ど：AB契約みてないのでよくわからないけど1400と600にわけて振り込みました。

あ：聞いちゃってごめんなさい。

ど：だいじょうぶです。売買価格に納得して契約していれば原価は気にしないようにしています。

あ：聖人。

決して騙しているわけではない。本人の意思を確認しているだけなのだ。

どエンド君 @mikumo_hk · 2015年4月22日
「お婆ちゃん！この物件を！この人に！売るんですよね！」
ご高齢の売主に大声で意思確認をする司法書士と、とんでもない安値で買おうとしている宅建業者。
(ゴヤ「老婆たち」)
#不動産売買で学ぶ世界の名画
1 388 401

「お婆ちゃん！この物件を！この人に！売るんですよね！」
ご高齢の売主に大声で
意思確認をする司法書士と、
とんでもない安値で
買おうとしている宅建業者。
※ツイート本文

よ：聖人。

ど：司法書士さんによっては意思確認厳しくて、話がブレイクしちゃうことありますよね。ブレイクしたあと仲介と信金がすっごい先生の悪口を言ってました。そして、意思確認が得意な司法書士先生がアサインされてくる。

あ：あるある。新人とかやばい。すぐ上司がフォローで飛んできて、そいつは事務だけ君になる。その後できない子扱いされて誰も敬語使わなくなってて悲惨だった。

ど：意思確認が得意とか不得手とかおかしいだろ！　と他業界の人は思われるかもだけど……。不動産持ってるのが高齢の人が多いから、ほんとうに切実。

野：意思確認に優れている司法書士！

ど：いずれ年取ったら子供と結託した悪徳不動産屋にそそのかされて、曖昧な中で不動産ぜんぶ売るんだろな……。

よ：専任ください！

あ：目の前のテーブルでお金分けられるやつだ。

ど：でも、人生の最期らへんに不動産がちょっと高く売れてお金が増えても別に意味ないから、視界に入るみんなが笑顔で嬉しそうならそれでいいのかな。

よ：大袈裟に喜びます！

News ④

フラット35×不正利用

フラット35 不正利用か

居住装い投資向け融資

国が調査指示

住宅金融支援機構が提供する長期固定金利型の住宅ローン「フラット35」が、不動産投資に不正利用された疑いが出てきている。投資向けの資金よりは低利で借りられるため、実際には住まずに投資にまわす住宅の借り入れに使う事例があるようだ。石井啓一国土交通相は7日の閣議後の記者会見で、機構に再発防止を指示したと明らかにした。

フラット35は自ら居住する目的で住宅を購入する人に対し、機構と提携した民間金融機関が資金を貸し出す。35年間の長期にわたり、低い固定金利で借りられることが特徴だ。第三者に貸し出す投資用不動産を取得するための利用は認めていない。

機構は「不正が疑われる事例があるため調査中だ」としている。国交省も現時点では調査中との立場だ。そのうえで石井国交相は「本来の目的を逸脱した利用は遺憾だ」と語った。投資目的の借り入れだと確認できれば、資金の一括返還を求めることになる。

住宅ローンを手がけ、フラット35の取り扱いで最大手のアルヒは7日、

外国人留学生ら 帰国時に換金

口座売買 銀行対策急ぐ

犯罪集団によるマネーロンダリング（資金洗浄）を防ぐため、大手銀が外国人による口座開設の審査を厳しくしている。留学生らが帰国する際に売る日本の銀行口座が、特殊詐欺で得た資金の受け皿に使われる事例が相次いでいるためだ。出入国管理法改正で外国人労働者が増えれば、口座売買が広がるリスクも高まる。金融庁は金融機関に対策の徹底を求めている。

外国人が使わなくなった口座を不正に取得しているのは、主に高齢者を狙う特殊詐欺のグループだ。警察庁によると、特殊詐欺の認知件数は2017年に前年より約3割増の1万8212件になった。被害総額は394億円にのぼる。詐欺はマネロンにつながりやすい

出典：日経新聞（2019年5月8日）

つまり…

フラット35を不正利用して、投資用不動産を居住用と偽って取得している事例が発覚。住宅金融支援機構が調査開始。

〈解説〉

マンションの価格は、ローンの金利と通るか通らないかによるところが多く、スルガ銀行があのような形で厳しくなってしまった中、次に通りやすいフラット35が不動産を高値で売りたい悪徳業者に狙われた形です。

例えば都市銀行が年収に対する借り入れ可能倍率は7倍～8倍がMAXな中、フラット35は最高で10倍近くまで理論値では借りることができ、尚且つ民間でないから審査は緩い。

そんな国が国民に対して優良な住宅を住ませる優しさにつけ込んだ詐欺です。

通称なんちゃってローンと可愛い名前つけてますが、投資用なのを偽って住宅ローンの低金利で調達するのも詐欺、通常の売買価格をフカして低所得の若者の借金フリーローン15％を長期1％台にまとめるからと契約誘引するのも詐欺です。

高い不動産も低金利だったら収支が合うし、借金を纏めてくれるなら顧客は買う不動産は何でもよくなり、悪徳業者の言いなりですよ。ローン難や不正はそれ程顧客の心を鷲掴みにします。恥を知った方がいい。

大技林なんかじゃないただの不正ローン。

うちの父は無職でしたが大技林を不動産会社が使って買えました。ごめんなさい。でもそのおかげで家族はホームレスになることなく、ローンも完済できました。帰る家があるって素晴らしい。

（はと ようすけ）

News ⑤

かぼちゃの馬車×スルガスキーム

スルガ銀の責任追及

シェアハウス問題　総会で会長謝罪

シェアハウスなどへの融資で資料改ざんが相次ぎ発覚したスルガ銀行の株主総会が28日、本店を置く静岡県沼津市であった。創業家出身の岡野光喜会長兼CEO（最高経営責任者）が出席し初めて一連の問題で謝罪した。総会は責任追及の声が相次ぎ大荒れとなった。

株主への取材などによると、岡野氏は冒頭で「シェアハウス問題で多大なる迷惑と心配をかけ、深くおわび申し上げる」と謝罪し、「経営責任は第三者委員会の調査、金融庁の検査の結果を待って自ら厳しい対応をとる」と述べた。岡野氏が一連の問題について公の場で言及したのは初めて。

総会には約400人が出席。多額の借金を背負ったシェアハウスオーナーや被害弁護団も株主となって加わった。株主からは「不正に気づけなかった経営陣が再任されていいのか」などの批判が相次いだ。岡野会長に説明を求める声もあったが、多くを議長を務めた米山明広社長らが答えた。

シェアハウス関連融資が焦げ付く懸念から、スルガ銀の業績は急激に悪化し、株価は年初の2500円台から900円台に急落した。総会では怒号が飛び交い、経営陣に詰め寄って会場外に出される株主も出た。結局3時間余りを経て、岡野会長や米山社長らを取締役に再任する議案が賛成多数で可決された。

出席した70代女性は「謝罪や反省の言葉に具体性がなく、うわべだけ。とても納得できる総会ではなかった」。祖父の代から株を持つという60代男性は「今日の説明を聞くとますます不安になる」と話した。

（柴田秀並、藤田知也）

出典：朝日新聞（2018年6月29日）

つまり…

かぼちゃの馬車などシェアハウス融資に関する資料改竄が発覚。ずさん融資問題で、スルガ銀行の岡野会長がついに謝罪。

〈解説〉

記事には株価2500円から900円とありますが、その後に400円くらいまで落ちました。スルガ銀行の天皇と呼ばれた創業家の岡野会長もいなくなりました。ほんと2018年は不動産を買うよりも、スルガ銀行の株を売っておくべきでしたね。

「かぼちゃの馬車」を簡単に説明すると、原価5千万くらいのシェアハウスを、スルガ銀行のローンをつけて1億円で投資家に売り、その販売利益からありえない利回り8％／30年のサブリースを支払うポンジスキームによる不動産投資商品です。当然、逆ざやの赤字なので次の馬車をもっと売ることになる。いつまでも続くわけのないのですぐに魔法がとけて利回り3~4％、金利にも満たない家賃しか稼げないかぼちゃの馬車と借金がオーナー達の手元に残りました。

そもそもスルガ銀行はなんでそんなザルみたいな貸し付けをしたのか。私は338ページにも及ぶ第三者委員会の報告書を3回読みました。そこに描かれていたのは過酷なノルマに追われて、真に銀行のためにならないことを想像する余裕もなく空虚な貸付に奔走する行員たち。審査を通すためならオーナーの預金残高や年収を不動産業者と結託してカジュアルに偽造する行員たち。実に面白かったです。無料でこんなものが読めていいのかと思いました。

（どエンド君）

ウル技 #54

スカウト法
―デキるやつは引き抜かれる法則―

どんな業界にも必ずいるSクラスのプロが…

はと ようすけ
@jounetu2sen
【スカウト法】
チラシポスティングを凄い勢いでやってるバイトのおじさんに、今の単価を聞いてそれより1円高くスカウトする方法。お世話になりました清水さん..
午前10：11 · 2018年11月21日
2件のリツイート　11件のいいね

難易度	★★★★☆	ウル技度 C
知名度	★★★☆☆	
応用度	★★☆☆☆	
被ダメージ	★★☆☆☆	

率は悪くても上客が多いポスティング

よ：次は清水さんの話です。
ど：これはスマートな大技林ですね。
よ：配布業者さんのナンパです。捨てる人いるから真面目に撒いてる人スカウトしたくなります。その説はお世話になりました。
ど：相場どんなものなんでしょうか？
よ：うちは安い業者依頼してて1枚今は4円くらいです。
ど：自力でもポスティングされてますよね。
よ：自力が多いです。自分でした方が早いすから。
ど：かっこいい……。
よ：住民から冷たい目と怒られ付きです。
ど：清水さんはいまどうされているんですか？
よ：エリア変わって違う場所で頑張ってるみたいです。
ど：そっか、物理的にエリアが違うといい人に頼みたくても頼めない。
よ：だから最近は業者さん多いすね。依頼する場合は紙代込みで1枚4円〜5円でマンション、戸建てはもうちょい高いす。
ど：なるほどー。5円で1万枚がんばって配布してもらって……。それで成約1件くらいとれるものですか？
よ：ぜんぜん！5万で契約になんかならないです……。この前、江東区の未公開物件を配布業者さんに依頼した

はたして清水さんのポスティング術とはどのようなものなのか?

ら5万で3件反響、決まりませんでした。反響率は良かったです。でも配布業者さんは大体1万枚に反響1件あるかないかっていうデータらしいですよ。

ネットよりチラシが熱い!

ど:めっちゃ紙使うな。数千枚撒いて電話1本……非エコだ。

よ:仕方ないです。でもSEO対策とかネットとか力入れると金超なくなりますから……。まだ割安なんすよ。ネット反響と違い直接話せますし。

ど:でもさ、あれこれ検索してるお客さんより、質もよさそうじゃありませんか。

よ:ネット反響は電話に出ない人沢山いますからね。一番熱いのはチラシ反響かな。わざわざ電話するわけですから……。ネットはポチで一括ですし。

ど:人生考えてる暇あったらポスティング!

よ:そうですね。一番契約率が高いのはチラシです。販売物件は近隣が7割買うとデータが出てるのでひたすらチラシ撒きです。帰巣本能。

ど:帰巣本能?

【売買仲介・買取再販編】

ウル技 #55

事前布石法

―言われる前に準備する回答―

中島○子も頼った占い師より不動産屋の言葉

はと ようすけ
@jounetu2sen
【事前布石法】
ようやく決まった案件に、最後に親族、友達、知り合いの不動産屋、占い師、建築業者に見せたいと言われた時に使う言葉。「人は大事な決断をする時に他の人にアドバイスを頂きますが、その人は責任の重さから否定、買わない方が良いって9割言います」と布石を打つ技。 午前10:22・2018年11月21日
80件のリツイート 257件のいいね

難易度	★★★★☆	ウル技度 C+
知名度	★★★☆☆	
応用度	★★★★☆	
被ダメージ	★★★☆☆	

不安を払拭するのも仕事のうち

ど：自分より本気で考えてるはずもない他人にアドバイスを求めても無意味ですよね。

よ：布石打っても壊れる時ありますが、言わないと言い訳来ますからね、必ず。みんな不安なんすよね……。

よ：大抵いい方に行きますよね。持つわけですから。

あ：高いビル連れていって、ここから見える景色全て所有者がいるんですよ。って伝えたい。

ど：一方、全宅ツイ仲間でもよく検討物件の概要書飛び交うけど、「いいですね、グル買いましょう！」しかぼくら言ってないですね。

あ：買いましょう！ しか言わないし、現地見ないで買うって決めるようになりました。

ど：不動産は嫁と違って多重債務できるのに。

あ：「多重債務って手もありますよ！」って私達の事伝えてください。

あ：まだ何者かになれる、はずの私。

よ：名言きたこれ。妥協。妥協って難しい。

よ：人生有限と思ってない人多い。

あ：そういうのあるかもですね。

よ：60過ぎてマイホームは遅いんすよ。子供とすごす時間買うんすよ。時間なんです買うのは。独身ですが僕。

あ：効果ある？

よ：……あります。

ど：あるんだ。たくさん時間買っていきたい。

あ：そう、時間とお金を交換できるのは人間だけ！

ウル技 #56

秘技、専任返し

―手数料に上限なんてない!―

札束風呂に入りたい? それならダブルの両手で手数料12%を狙え

1room
@oraorao
【秘技、専任返し】
満額の買付をニコニコ入れる買取業者に対して繰り出す一撃必殺の技。なお、戻せない業者にはこの技を発動せず、L+R長押しで案件を無かったことに出来る模様
午前8:51・2018年11月21日
102件のリツイート　503件のいいね

難易度	★★★★☆	ウル技度 B
知名度	★★★☆☆	
応用度	★★★★☆	
被ダメージ	★★★☆☆	

(3%+3%)×2=12%の法則

よ:6%+6%を狙う豪胆さ!

ど:よっ、両手の往復びんた!

あ:不動産販売とかは出口はほとんど取れてないっぽいですけどねー。不動産販売とかポータルとレインズ乗っけてるだけなんで。

よ:やらないんだ……。やらないすよね。

あ:高値でださせて専任切れたら値段さげるとかありますよ。

よ:専任返しで分かれてでもいいから数日チャンス欲しい気持ちわかります。

ど:次は重説作らなくていいし、夢ありますね。

よ:専任返しはチャンスですね。

ど:ようすけさん・あくのさんは同じ物件で最大何%くらい手数料もらえたことありますか?

よ:僕は9%です。両手の案件で「今日満額で買い付け取ってくるんで、取ったら6くれませんか?(笑)」と満額の買い付けの前で電話しました。

あ:私は6・6で12%ですねー。買わないか? って言われて、ちょっと難しかったので、仲介に振って先輩に買ってもらったら1ヶ月で1億が2億になってました。寝れなかった。そのあとお祝いご飯たべいったけど、さんじゅうまんえんはらいました。

ど:11・7%に減ったんだけど……めっちゃ儲けさせてあげたのに。

あ:祝杯は仲介が払うんだって意識が根強くある(汗)

【売買仲介・買取再販編】

ウル技 #57

横から失礼します

―同僚さえも信じてはいけない―

敵は同業他社だけではなかった!?

ど：ゴミのような技がでてきた。

よ：ぷん太くんの投稿ってすぐわかる。横取り40万高田純次法。

あ：何の生産性もなくて草生える。

契約直後の心の隙間を狙う不動産屋にご注意

ぷん太
@55openman

【横から失礼します】
（知り合いから聞いた話です）他の営業が担当したお客様に街でバッタリと会う事があるんですよ。「昨日は契約ありがとうございました」とにこやかに話をスタートするのですが、契約直後のお客様ってちょっと不安になってるものなんですよね。
午前10：29 · 2018年11月21日

5件のリツイート　8件のいいね

そこで「じゃあ、念のためもう一回他の物件も見てみます？」と誘いをかけて。ニーズがわかってますから「こっちの方がよかった」と思わせることは意外に簡単で。あとは「払った手付金分を値引きするので」と話し一旦キャンセルさせてから契約。横取り成功です。
午前10：29 · 2018年11月21日

5件のリツイート　10件のいいね

難易度	★★★☆☆	ウル技度 A
知名度	★★★★☆	
応用度	★★★★☆	
被ダメージ	★★★★★	

よ：幸せ産まれてます、大丈夫です。

あ：月間契約数MVPに盗塁王部門みたいなのあるんじゃないかな。

ど：盗塁王（笑）。

よ：人から聞いた話で逃げすぎだろアイツ（笑）。投稿の癖がひどい。

よ：でも、他社のエントランス前で図面見て離れたら声かけるのは基本ですよ。見つかったら怒られるけど。

ど：いっそルノアールで商談終わったお客さんを刺しにいく、くらいの方がかっこいいですね。

よ：奪いあいだからね……。

あ：そっか、刺しの一種なのか。

よ：僕の先輩もやってました。解約させて違う物件買わせて手付放棄させる営業力（笑）。

駅近でなくても…
コンビニ近く…ですね！
なるほど〜
なるほど…
フムフム…

解約というカードがあることを忘れずに…

不動産業界では、たとえ契約しても
奪い合いの仁義なき戦いが続くのである

一度買うと決めたお客は熱い！

あ：事故物件でメンタル病んだ共有者の病院まで押しかけて契約を取った仕入マンの話が美談になる会社があるけど、そんなかんじなのかな。

ど：一度は買うと決めてるお客さんだから熱い。

よ：買う心理ハードル越えたのはデカいすね。だから手付が沢山必要なんすよ。

あ：確保するの大変だ。

よ：10万じゃ飛びますから手付。

あ：そういうもんなんだ？　いくらから飛ばないの？

よ：物件価格によりますが、やはり売買価格5％欲しいすね。実際に、大手不動産会社は手付金5％以下では契約に応じません。

あ：1000万円以上くらい？　それだと手付け50万。だからおいしいよね（笑）。

よ：それなら飛んだら仕方ないレベルかな、と。

あ：解約させた方が効率いいんだね……。

ど：手付キャンセルが一番効率いいって話に戻ってきたぞ。

よ：もう一回取引できますからね（笑）

ウル技 #58

【売買仲介・買取再販編】

臨場感手法

—エモさと演出が勝負です—

結局、最後は気持ち…
みんなに届け!
ぼくの熱い想い

どエンド君
@mikumo_hk

【臨場感手法】
欲張った値段をつけたら誰も買ってくれなかった物件。概要書のエクセルを開いてしこしこ価格を下げるのは二流のやること。元データがあっても、あえて印刷して手書きで書き込んでからまたスキャンして、ワクワクと臨場感をエンドに演出するのだ!

午前9：49 · 2018年11月22日

36件のリツイート　99件のいいね

難易度	★★★☆☆	ウル技度 B
知名度	★★★☆☆	
応用度	★★☆☆☆	
被ダメージ	★★☆☆☆	

手書き感で情熱を見出させる

よ：演出力すごい（笑）。

ど：アパートが素面で買えるか！いいな、臨場感だ、テンションだっ、臨場感を演出しろっ！

あ：このいかにも考えていますっていう手書きは効果ありますね（笑）。

ど：まあ、正直わくわくします。

あ：不動産販売はゼンリンコピーしてそこに丸つけて値段書いておくってきます。

ど：それもわくわくします。

よ：でもこれで広告うつと二重価格で怒られます。

ど：ダメなんだ!?

よ：お客様に紹介は大丈夫です。

ど：…ところでいま非宅建士３人が会話してることに気が付きました。

あ：（ホントだ。

ど：ま、いいか。

よ：チラシや折り込みはＮＧです。広告でＮＧ事項はかなり調べたからほんとです。でもボールペンは臨場感ですね（笑）。

あ：広告ＮＧとか何の効果もないですよね。こういうの送ってくる会社すぐなくなるし。ヤフーの地図に丸書いて値段いれてるのは無免許業者だし（笑）。

演じることで売り手、買い手の心を動かせたら立派な俳優だ。

筆圧やタッチにも熱さを込めて…

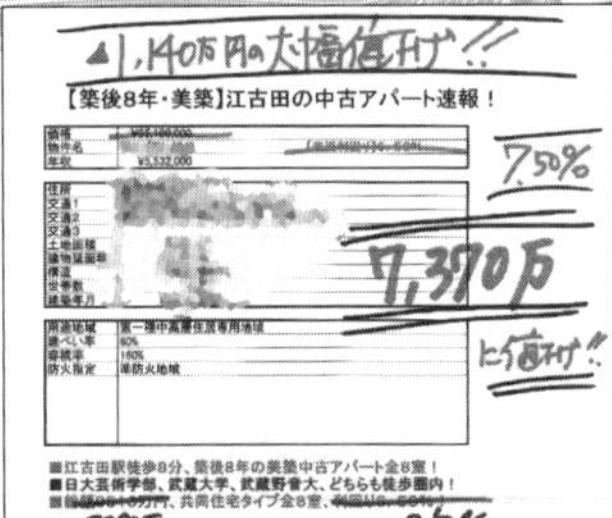

よ：僕の上司もどこにでもある物件、他店舗からFAX貰って「今キャンセル出ました！　熱い熱い」とチラシ触ってお客様に渡してました。

あ：いいはなし。熱さ大事。

ど：ホカホカの概要書。

よ：演出大事だから多少はわざとらしくても気にせずに（笑）。あと必ず競合がいるときは言わないといけないです。煽り過ぎはダメすけど、会う前から煽る人売れなかったな……。

ど：タイミングありますよね。

よ：検討中に売れるとキレる人いますからね。

あ：理不尽すぎる（笑）。

ど：もう全物件、誰かが検討中って言っておこうよ。（笑）。

よ：でも反響あった段階で「実は検討してる人が」と言ったら電話切られてました。

あ：わははは。

よ：コントですよね……。仲介でそれは（笑）。売主ならいいすけど。アホです。臨場感もやはりタイミングです。

【売買仲介・買取再販編】

ウル技 #59

できたてカップル売上3本確保法

―カップルはすべて婚約関係に―

審査通すなら婚約者が有利。

ど：できたてカップルにすぐ退去される大家はたまったものじゃないですけどね（笑）。

よ：恋人同士とかの申込は婚約者で書くの暗黙の了解になってますよね。婚約者じゃなきゃ審査通らない……。

イイ気にさせて契約
別れたときには
それぞれの部屋も

早川
@AD300__
【できたてカップル売上３本確保法】
付き合いたての友達カップルに『家賃お互い6万づつ払ってるの?8〜10万で広め1L〜2Lで同棲した方がよくね?』と無理矢理同棲させて1本。どうせ別れるからお互いのワンルーム探しで+2本。合計３本の賃貸契約を取るパワープレー。
午前11:46 · 2018年11月21日
463件のリツイート　872件のいいね

難易度	★★★★★
知名度	★★★☆☆
応用度	★★★★☆
被ダメージ	★★☆☆☆

ウル技度 A

ど：そうそう。みんな婚約者って書いてくる。仲介は短期でどんどん手数料になるけど。カップルはすぐ別れるし、ひとりになったあと家賃払えないからダメだーっ。

よ：契約して引き渡しまでに別れて解約はきつかった……。彼氏の借金で破断した模様。

ど：審査の過程で隠されていたものが見えちゃう。

ど：これ賃貸の裏技っぽいですが、売買でもペアローン組ませて買ってもらって、即離婚で売りでも媒介もらって……即家族解散になると2倍美味しいものですか？

よ：商売にはなりますけど購入者の離婚依頼売却はきたことないので別会社に依頼されてるのかな、と（笑）。

野：賃貸の場合、付き合ってるってだけで借りて、別れても「えへへ、ようすけさんまたワンルーム借りたいんで」っていけるけど、購入して離婚の場合はあんまり売却依頼はしないのかなー。

よ：住宅はなかなかリピーター少ないんです。一回だけの取引になりがちだからやりたい放題やる業者が多いのも事実ですが…。だからこそ住み替えのたびに指名していただける方は嬉しいですよね。年賀状ひたすら書いて生きてるアピールしてます。仕事ください、なんでもやります！

ウル技 #60

役職で偉く見せる法

―肩書で信用獲得をショートカット―

会社の規模より そこでの肩書が 結果に響く

> はと ようすけ
> @jounetu2sen
>
> 【役職で偉く見せる法】
> 不動産スタートアップという名の零細企業が使う有能そうに見せる技。人数もいないため役職なんてつけ放題。俺は入社初日に係長になった。係なかったけど。デベ夫人は俺の名刺見て笑いころげていた。
>
> 午前10：30・2018年11月21日
>
> 5件のリツイート　17件のいいね

難易度	★★☆☆☆	ウル技度 C
知名度	★★★★★	
応用度	★★★☆☆	
被ダメージ	★★★☆☆	

部下がいない課長もいるのだ

あ：小さい頃は世の中に数人しかいない会社があると思わなかったな。

ど：みんな大きなビルで仕事してるんだと思ってた。

よ：名刺は戸建一部、マンション二部とかにしてますが右手で数えるくらいの人数しかいない……。

ど：やたら大きい会社に見せたい不動産屋さん。

よ：デベ夫人に弊社の写真送ったら「家じゃねーか！」と笑われました。

ど：契約や案内でマンション二部に来られたとき気まずくないですか？

よ：会社に来させないから。

あ：よく契約できるな……。ほんとうは世界観伝えやすいから舞台装置として事務所って有効ですけどねー。

ど：豪華共用部のマンションと一緒で、社員の頭数が多くないとできないんですよね。零細はマンションの一室。

よ：マンションの一室からはじまるサクセス。

あ：雑居ビルの廊下の蛍光灯間引きしないでほしい。

よ：エレベーターが壊れて死にかけた事があります。

あ：(関係ある?

ど：エントランスのオブジェや、廊下の蛍光灯の本数で一体何がわかるというのか。

あ：そういう意味だとweworkいいんじゃないすかね。

よ：ハッタリ効きますね。

ど：1デスク10万くらいしますけどね。

よ：ウィーワークの1席以下の弊社賃料……。

【売買仲介・買取再販編】

ウル技 #61

申込金法

―事務手数料で本気を試せ―

手数料はお客様の本気度を測るリトマス試験紙

おしゃべりゴリラbot
@oshaberi_gorira
【申込金法】
賃貸も売買も申込金はキャンセル時に返さないといけない。ただイタズラっぽい時や意思決定が見えない時は「ローン代行料」など名目を変えれば返す必要はないのだ！イタズラは絶対にお金を出さないからリトマス紙になるのだ！！
午前7:39 · 2018年11月21日
10件のリツイート　20件のいいね

難易度	★★★★☆
知名度	★★★☆☆
応用度	★★★★☆
被ダメージ	★★☆☆☆
ウル技度	B

別に五万円が欲しいわけじゃない

よ：高額物件や怪しいお客様だったりする時にやった事があります。僕は、揉めたらお金返すんすけど、ホント冷やかしの人はお金出さないです。

あ：これ領収書どうするんですか？　新築マンションも一昔前は申込金って取ってましたよね。おっしゃるとおりキャンセル時は返すので、なんか意味あるのかな～と思いましたけどあるんですね。

野：「ローン代行料」で出すんですかね？

よ：ローン事務手数料なら返す必要はないと都市整備局に確認してます。ただ調査料とかだと売買契約に付随するので契約破断になったら返金が必要です。申込金系は意思を固めるためすね。領収書はローン事務手数料がメジャーかな。

野：ローン事務手数料。でもローン事務手数料っていくらでもいいんすよ。5万、10万、20万でも。

よ：ローン事務手数料って住宅ローン借りる時に銀行に払うやつです。それを業者に依頼する時に業者用で取ってるんです。僕は10万の会社で働いてました。

野：じゃあ、仲介会社にも銀行にもローン事務手数料払うエンドがいるってことすか？

よ：そうです。仲介会社が手伝ってです。でも実際ローンの手続きって量多いしたいへんですよね。基本的に売

冷やかす者よ
去れっ！
ローン事務手数料
手数料が
汝を試すだろう！
ギャアアア
冷やかしに対応している時間は無駄
ゆえに、問う
本気かどうかは目と金払いでわかる

買契約書と重要事項説明書作成と説明以外が仲介の仕事ですから。ローン通すの大変なお客様たくさんいるから10万とか安く思える時あります。だって本来通らな（都市整備局に削除されました）。

野：買い側の仲介だと重説、契約書作成がない分、ローンに注力するんですか？　ローン事務には免許いらないんですね？　宅建免許。

よ：業者売主なら作成しますし免許はいるよ……。試しにアヤフヤなお客様来てみてください。調べて重説契約書数日作ってイタズラだと気持ちハンパないすから。

あ：わかります。

よ：「キャンセルしたら返ってきますか、お金？」と聞かれたら「え？　キャンセルされるんですか？」と真顔で答えてください。

野：なるほどー。

よ：「契約になったら事務手数料は仲介手数料から値引きさせて頂きます」も良いです。そしたらキャンセルしなきゃいいだけだから。合法です。確認済みです。

野：勉強になります。

よ：ほとんど使わないけど、イタズラいるんすよ。たまに案内しまくってイタズラとかハゲますよ、マジ…。

【売買仲介・買取再販編】

ウル技 #62

バス停移動法

―バス停1分の物件あります！―

世の中に確実なものなど何ひとつないのだ

おしゃべりゴリラbot
@oshaberi_gorira

【バス停移動法】
まだスマホやネットがない時代、バス便の物件をよく見せるため交通整理とバス停自体を物件の前に置いて売った先輩は今は連絡取れません。

午前11：55・2018年11月21日

70件のリツイート　106件のいいね

難易度	★★★★★
知名度	★★★☆☆
応用度	★★★☆☆
被ダメージ	★★★★★

ウル技度 S

あるべきはずの場所にない恐怖

野：これはひどい。

よ：バス停移動させるとかヤバくないすか（笑）。

野：「もしもし、都市整備局ですか？　内見したときにはあったバス停がなんか遠くに移動してるんですけど」

ど：重そう。

野：都内はバス停、結構立派だからレスラー数人いないとね。

よ：筋肉隆々な人が集まったら目立つ（笑）。さらに神輿担ぐみたいになって、警察が誘導してくれたら吹く（笑）。

ど：わっしょい、わっしょい♪

よ：田舎のバス停はひとりでも持てる。

野：信号もないし別に数十メートル変わっても影響ないから、誰も困らないけどね。

ど：もし、内検のときにはあったバス停が動いて別の場所になっていたら気付くかな（笑）。

よ：気付くでしょ！　この技は、今は無理かなー。

野：怒りますかね（笑）。

よ：怒るよ（笑）。仕事いこー。あれ、バス来ないな……って発狂するでしょ、絶対（笑）。

少しでも条件をよくすることと偽装してよく見せることは違います

毎日少しずつ動かせば完全犯罪になる…かもしれない。

バス停からの時間が売れ行きに影響

野：うはは。面白いから畳間（27メートル）くらいまではセーフにしましょう。

ど：畳間（笑）。その27メートルがバス停5分と6分の表記の分かれ道ならレスラー数名に金がかかってもバス停動かしたいですね。

よ：セーフ！　セーフ！　もう重説に入れよう容認事項として（笑）。

野：「周辺の宅地売買によりバス停が畳間の範囲で動く可能性があります」

ど：だめだ、こりゃ……。

アウト ？ セーフ

弁護士の見解

窃盗が成立する…のか？　占有が移転したと言える？　言える気がするな。

ただバス停の設置には道路法に基づく許可が必要となるため、許可されているところ以外に道路標識を移動した場合少なくとも道路法に基づく罰則は適用されると思います（1年以下の懲役又は50万円以下の罰金）

（GK全宅ツイ顧問弁護士／ノースライム）

プロが語る真実と忠告と罵詈雑言を傾聴せよ

『全宅ツイ』幹部が直球回答する10問10答

売買仲介・買取再販編

Q.1 良い物件を買うために必要なことは？

良い物件という定義が人によって違うから難しいのであって利回りが良くとにかく安いのと住みたい家は別です。資金内容や返信がマメ等、営業マンが紹介したくなるようなお客様でいると一生懸命物件を持って来ると思います。毎日紹介させて欲しいです。仕事ください（はと ようすけ）

この前50件近く案内して他決しました。勇気と思い込みです。（野球）

Q.2 ポスティングのコツがあれば教えてください

購入は未公開や割安ワケあり物件（再建築不可ローン難借地等）、売却は貴方の家を探してる人がいますという**リアリティチラシをポストにとにかく沢山**入れてください。僕は最大1日3千枚いきます。（はと ようすけ）

Q.3 お客さんからのお言葉でキツかったのは？

問い合わせがあり、１日案内して翌日に売買契約をして、仲介手手数料の話をした途端に「**君に頼んだ覚えはないし、1日案内しただけで150万って高すぎだよ。**見たいとは言ったけどまだ君とは契約してない」とおじいちゃん買主様に手数料支払いを拒否されたこと。（はと ようすけ）

せんぱいからしょうかいされたきれいなめすぶたが、せんぱいのいふうをつかってあれこれしじしてくるし、していしてきたこうむてんはいちみりもでんわにでないので、もとづけちゅうかいからもしこたまおこられて、もうこんかいきりだ、こんごのつきあいはないんだ、とおもってがんばってたけど、ばいきゃくごもでんわがくるのでいっさいのれんらくをたってたらせんぱいにれんらくがいってしこたまおこられたので、しかたなくきれいなめすぶたにれんらくしたところ、でんわにでず、ＦＢもきられてました。**かぜひいてほしい。**（あくのふどうさん）

Q.4 そろそろ「賃貸vs持ち家」論争に結論をお願いします

台風、火事、地震、金利の急上昇、愉快なおとなりさん、人口減少による地価下落…数えきれないほどのリスクを賃貸ならぜんぶ大家さんが負担してくれます。**家賃もったいない教は不動産屋の陰謀。賢い人はみんな賃貸。**（どエンド君）

人口減や家余りと言われる時代ですが、60歳超えてツーブロックスリーピースカタカナ不動産屋にタメロでアパート案内されるのは心が砕けますよね。人生は有限なので若いうちに家族で雨風しのげるマイホームのご購入をオススメします。**再建築不可も借地権でも家は家。**仲介手数料は３％＋６万＋税です。（はと ようすけ）

Q.5 「ブローカー」って悪い人が多そうですが、気のせいでしょうか？

お金から入る方が大半なので悪そうな気がしますが業界に残ってる人の大半は大丈夫です。ただ悪そうな人はいますし、**大体悪そうな人は悪い人の可能性が高い**です。（はと ようすけ）

業法の外側で動いてるので**悪いと言うよりは法令違反さん**です。また彼らは大抵**自分の欲に対して嘘をつかない**ので、それは正直と言えるかもしれません。（あくのふどうさん）

Q.6 ある会社は新卒50人採用で3人残れば良いと言っていましたが…嘘ですよね？

僕がいた会社は毎月入って1年後1人残るか残らないかなので本当というか**驚きはないですね。**（はと ようすけ）

ちょっと信じられないです。**よっぽどの会社**だと思います。（野球）

ようすけさんの会社。

不動産販売会社らしくて頼もしいけど、今は人手が高いのでそんな採用してたら**ボードメンバーが人事に殴りかかる**と思います。すごいね、ようすけさんの会社。（あくのふどうさん）

でも初任給40万で求人出せば無限に人集まってきますよ。**新人に40万出す会社ありますか？**なお…（はと ようすけ）

Q.7 大変なお仕事だと思いますが、これまでで一番の修羅場はなんですか？

警●に呼ばれた事。チラシ撒いてたら住民に腕掴まれて警●に通報されました。「やっと会えたね」って辻仁成みたいなロマンティックな事言われて自分が**中山美穂かと勘違いしましたが、**警●のトイレで鏡みたら**中山美穂ではなかったです**。３時間怒られて誓約書書かされた帰りにまたチラシ撒きました。無罪でした。（はと ようすけ）

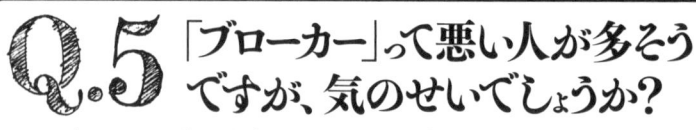

Q.8 借地権のメリットを一緒に考えてください。

所有権の土地より３割くらい安いけれど、借地上の建物だからってもらえる家賃が減るわけではないので、投資として買うなら利回りは高くなります！　ただローンがつきづらかったり、強欲な投資家しか出口がないし、いまはいい地主でも歳をとるごとにクソ地主になるなど、**建物だけじゃなく地主の経年劣化リスク**もあります。所有権の物件が欲しい。（どエンド君）

借地権好きです。利回りも高いし、底地ゲットのチャンスがあるんでとても楽しいから積極的に検討します。この前ある大陸系ブローカーが「ブッケンアリマスカ？カクジヅツナオキャクサマデス。」と言うので、これ売れたんやないか、とわくわくしてたら**「シャクチケンッテナンデスカ？」**と問い合わせありました。借地権ってそういうものです。よく考えてから買って欲しい。（あくのふどうさん）

Q.9 マンション広告の「閑静な住宅街」って、周辺に何も無いってこと？

合コンで話が面白いね、って**面白フェイスの男性を無理やり褒める女性**と同じ心理が働いてます。しにます。（はと ようすけ）

田園調布って閑静な住宅街ですよ。夜は静かで安全で安心。**住民だけクソうるさい**です。（野球）

30年前に流行った田園都市の修飾語。**現在は「過疎」の隠語**です。（あくのふどうさん）

Q.10 いままでローンを通した最低与信のお客様はどんなでしたか？

個人事業主の**年収90万の方に5000万フルローン**です。スルガ銀行は素晴らしい銀行です。他行で個信ブラックの方もローン通した経験あります。年収に占めるローンの返済比率が80％近い人もですが、あの方はまず修正申（以下自粛（はと ようすけ）

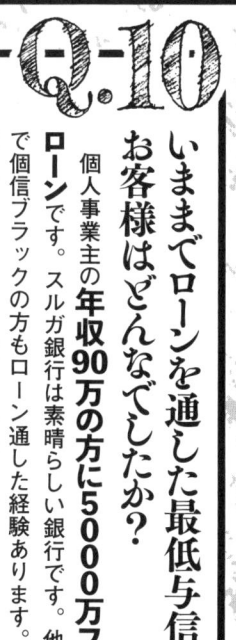

えるほどダイナミックな大技

発・建築編】

不動産の花形部門「開発／建築」編だけあり、
収録されているウル技は
どれもダイナミックなものばかり。
これを読めば普段何気なく見ていた街の風景が
ガラッと変わってしまうこと間違いなし

全宅ツイ担当メンバー

	全	**全宅ツイのグル @emoyino** 全宅ツイのファンダー。都心の不動産を扱うブローカー。都心部でオフィスビルの開発もしています。
	P	**PM君 @officepm** 総合不動産会社でAMの奴隷をしたりテナントにしばかれたり地主の靴を舐めたりしています。
	か	**かずお君 @kazuo57** マンションデベロッパーで自社開発したり地主さんの土地有効活用のお手伝いをしたりしている。
	お	**お鯛 @otto_morgen** 建築基準法の行間を広げることを生業とする建築士。ホットサンドが好き。

ウル技
×12
街の風景を変
開

ウル技 #63

オフィス仲介恐喝法

―賃料は丁寧にヒアリング―

か：これやらない仕入れっていないですよね。詳しくない方に説明すると、ビルを開発した時の賃料が10％強くなるような絵が描ければ、売却想定価格も10％強くイケるんです。そりゃ仕入れマンも必死で恐喝しますよね。

全：オフィスって、レジと違って誰が見てもわかるように整理されたミクロな賃料の資料を入手するのがめんどい。だから社内の人間は賃料わからないし、リーシング会社が賃料相場を読み違えても取引先だからしばけない。これを利用したウル技と言えますね。

P：強引とは言え、仲介が1万8千円と言ってますからね。嘘ではないですね。裏を取りづらい。工事費、管理費を舐めるよりも賃料が一番響きますね。

全：仕入れマンは、社外のリーシング会社の意見の都合のいいとこだけを社内の決済者へ伝える。これはもはや仕入れマンではなくて仲介マン。

か：（ビル仲介会社の）三鬼、三幸、CBREだとどこが一番がんばりますかね？

全：三幸がいちばん恐喝に屈しなかった（笑）。

P：CBREは担当によっても強気と慎重とわかれる気がします。いい結果になるまで何度もヒアリングしましょう。

か：「繰り返しヒアリング法」ですね。でも、仲介業者もしたたかなもので、「1万8千円でいけると思うんで、

たかだか数千円? 数億円の判断? 想像力を鍛えるべし

かずお君
@kazuo57

【オフィス仲介恐喝法】
仕入「今度ここで開発するんすけど、いくらでつくと思います？」仲介「14000円くらいですかね…」仕「頑張れば18000円いく？」仲「う、が、頑張ればつくかもしれません…」
社内資料［仲介ヒアリングの結果、周辺相場は18000円程度…］ 午前8：25・2018年11月21日

20件のリツイート 79件のいいね

難易度	★★★☆☆
知名度	★★★★☆
応用度	★★★☆☆
被ダメージ	★★☆☆☆

ウル技度 B

仕入れマンは仕入れるのが仕事。
その千円が数億円の（想定）利益になるのだ。

ふぅ〜。がんばれば
18,000円ってとこかな？
プハ〜ッ
うっ……
で、で、ですかね。
が、がんばればそれくらいかと…

繰り返し繰り返し、望む答えが出てくるまでヒアリングしよう。

リーシングする時はうちに他社より3時間早く情報出して下さい！　お願い！」とか言ってきますよね。

全：そうそう。もうやりたい放題。ちょっと真面目な話をすると、（レジ以外の）賃料をわかる人が少ないっていうのが、前回のリーマンで不動産会社が深い痛手を負った原因のひとつやと思うのよね。

か：僕のいた会社をディスらないで下さい……。

全：坪2万5千円と坪3万円の違いと、不動産価格25億円と35億円の違いって収益還元法だと本質的には同じはずなんだけど、賃料の差はあんまりピンとこない。坪2〜3千円の判断をしてるつもりで、実は数億円の判断をしてるのに、それに気づかない。

か：ですねー。ビルのリーシングは一期一会なんで、ミラクルな事例がたまにありますからね。そこで言い訳できちゃう。

全：まぁ、でもかずおくんは、リーシング会社を恐喝して、ゼネコンを恐喝して、設計事務所、仲介会社を恐喝して、財務部を恐喝して、法務部を恐喝して、稟議を通してたと思うから。それで会社なくなった（笑）。

か：「銀座なら一棟ならしで、坪5万ならいける」とか言ってすみませんでした。会社潰れたんで許して下さい。

ウル技 #64

新築さん

―劇的すぎる再建築不可回避術―

新築じゃない！柱一本だけ残してリフォームしただけ

野球くん
@unoubaseball

【新築さん】
再建築不可の築古木造を、えいって買ったら柱も壁も屋根もダメだったので「仮囲いして見えなくして一旦全部こわして一から作っちゃおう。」って誰かが言ってきた。

午前10：10・2018年11月21日

10件のリツイート　27件のいいね

難易度	★★★★★
知名度	★★★☆☆
応用度	★★☆☆☆
被ダメージ	★★★★★

ウル技度 S

か：これ。

P：これって劇的ビフォーアフターですか？

か：「何ということでしょう、匠は、仮囲いをして、既存建物を根こそぎ撤去してしまったのです！」

全：近隣に刺されそうですけど、どうなんやろうか？この手のはぜんぜんわからん（笑）。

か：全部ってワイルドですよね。柱一本だけ残して後はもう新築ってのは聞きますが。

全：あ、聞きますね。全部はすごい。

P：築古戸建って触ったことないのでわからないですね。

お：確かにちょっとわかりづらいですよね。レポートを用意したので詳細は以下をご参照ください。

〈お鯛レポート①　よいこのけんちくきじゅんほう〉

建築物を建てる時はもちろん、リフォームや用途を変える際にも建築確認は必要です。未接道などのいわゆる「再建築不可物件」やセットバックで敷地が小さくなってしまう物件では、建物を建てるための十分な面積が確保出来なくなる場合もあります。

ではなぜ、某ビフォー○フターに出てくる匠は、見るからに再建築不可っぽい物件であっても今ある建物の敷地を生かしたまま「ほぼ新築」みたいな事が出来るのでしょう？

それは、木造２階建てなどの「４号建築物」は、建築時

ダメなものだって実現可能にする 99％の模様替えという解釈も存在する

行くぞ！
匠リフォーーッム！
ドーン
再建築
不可物件
ガシャッ

テレビはエンタメなのでちょっと劇的仕様

（新築、改築、増築）以外、つまりリフォーム（模様替え）に建築確認はいりません。

そのため、再建築不可の４号建築物を扱う時は、「どこからが建築で、どこまでがリフォームか」がしばしば問題になります。

国土交通省の公表している要件から言えば構造、規模、機能が同一であれば、建物の99％を模様替えしたとしても再建築には当たらないと言えそうです。

つまり、実際はまるっと建て替えていても「一部でも残っていた」と主張出来ればダメとは言い切れないと思われます。

ただし、取り返しがつかなくなる可能性が高いので良い子は43条ただし書きなどの措置をまずは検討しましょう。

全：お外がきれいにリフォームできて外から見えなくなったら残しておいた柱も取り替えたい。それはもうもとの家と同じ家なのかそうではないのか、「テセウスの船」感じる。

か：でも、新築できない土地があるってことの方がおかしいから。バグじゃんそんなの。今家建ってるのに。バグをバグ技で返す、的な。理解はできます。

ウル技 #65 曖昧な土壌汚染
―出なくなるまで調査すべし―

か：またこの類（笑）。

全：まぁ、でも杓子定規にしか仕事をしない土壌調査会社はしばきますよね。

か：彼ら、土壌汚染を調べるのが仕事なのに……。

全：敷地をメッシュ切って、そのメッシュひとつの中でどこかが汚染されてなければセーフだから。

汚染検出されても出ない場所を探せばクリア！

表面3%
@gross3per

【曖昧な土壌汚染】
詳細にデューデリしすぎてなかったはずの土壌汚染が発覚しちゃった！どうしよう？そんな時はレポート会社を変えると…？あら不思議！汚染なくなりましたね。

午前10：31・2018年11月21日

6件のリツイート　11件のいいね

難易度	★★★☆☆
知名度	★★★★☆
応用度	★★★★☆
被ダメージ	★★★★★

ウル技度 A

か：メッシュ内で違う所を検査させるわけですね。

全：そう。でも、先輩達の頃は【建物を解体する→解体したら、汚染されてない土を持ってくる→持ってきたきれいな土を調査する→きれいな調査結果がでてくる】ってやってたと昭和の頃に聞きました（笑）。

か：持ってきちゃうの!?　きれいなの当たり前や（笑）。

全：だから更地のほうが手強いんだって！（※聞いた話です）。だいたいね、どうせ全部躯体の下ですよ！　それともあなたは、土を食べるんですか？

P：食べません。すいませんでした。

か：食べません。ごめんなさい。それならこのウル技を使ってクリーニング屋とか印刷工場の跡地がんがん買っていこうぜ（笑）。

有効活用なら調査不要!?

全：でもまぁ土壌汚染って●菱地所が大阪でやらかすまでは、もっとおおらかやってん。なんか国会図書館とかいって当該地の住宅地図の塩梅ええ年代のをコピーし

不動産業者に共通する合言葉はネバー・ギブアップ

まぁ伝聞話ではありますが…。

てきて「ほら個人名のお家しかないでしょう！土壌汚染があるわけないじゃないですか！」って言ったらリスク管理部の人が「うむ。」ってコントしとけば。

か：様式美的な所ありましたよね、建てちゃえばその後調べることなんて絶対ないから…。ちなみに僕は有効活用だったんで、土壌汚染調査って無縁でした。「わしの土地に何建てようとわしの勝手じゃろ！」だって（笑）。

全：指定工場とかで土壌汚染調査が義務付けられてるやつはちゃんとやってたらしい。

か：ほー、怒られるんですか。

全：黄金町の土壌汚染調査会社のおっさんがいってた（笑）。

か：字面ですでに手強そう（笑）。

全：そもそも任意で、民民の取引で[redacted]か？

か：それ以上、いけない。

P：いけない。

か：次行きましょう

ウル技 #66

日影よけ分割法
—ちぎってちぎって—

6棟も並んだアパホテルに隠された秘密とは

PM君
@officepm

【日影よけ分割法】
日影のある地域では敷地を分割すればホテルをいっぱい建てられるらしい

午後7：01 · 2018年11月21日

15件のリツイート　27件のいいね

難易度	★★★★☆	ウル技度 A
知名度	★★★★☆	
応用度	★★★☆☆	
被ダメージ	★★★☆☆	

全：六本木1丁目あたりにちょう並んでるアパホテルの計画ありますよね。

P：6連？

お：5連新築、横の1棟は既存ですね。

P：六本木通り沿いの都民銀行の跡地ですね。

全：そうそう。

か：凄いですよね。

全：あれは笑えるよね、勉強にもなるし。

お：アパホテル群で何杯でもご飯が進む。これもレポート書いたので文末に載せときます。

か：「本当にやるやつがいたとは!!!」って感じ。思いついてもやらないすよあんなの。

全：初めて担当した分譲マンションでやりました。すいませんでした！

P：(笑)。

か：(笑)。

P：六本木通りって、通り沿いは商業地域だけど、裏は住居系なんででかい建物立たないんですよね。だから通りの北側は

※画像はアパホテル公式より

あんな細い建物ばっかり。
か：六本木の旧ザブーの並びにもあんなのあった気がする。
か：これだ。
か：デュオ・スカーラが3棟並んでる。
全：あったあった（笑）。
P：これも（笑）。
全：アパからもうちょっといけば、ランガムの土地もあるから、そこも7連ランガムホテルにしてほしい。あそこも容積全然とれなかったから、ランガム1、2、3、4、5、6、7はありえるかもしれない（笑）。
か：高級ホテルなのにアパよりもちぎる！
お：すごく見たい（笑）。
か：ダイナシティ3、アパ6、ランガム7!!!
お：ほー、デュオスカーラも北側1中高なんすね。
P：西麻布のあたりも通りの南は大きいビルあるのに、北は細いのばっかりですね。

奇妙な形の建物の陰には
建築基準法の行間を限界まで広げようとした
建築士の苦労があるのだ…

お：港区都市計画失敗してないか……。

〈お鯛レポート②　よいこのけんちくきじゅんほう〉

建物の大きさを規制する法律としては、絶対高さ制限や斜線制限等がありますが、もう1つあるのが「日影規制」です。近隣の敷地（主に北側）に規制時間以上の日影を落とす建物の形態は認められません。

つまり大きな1つの土地がある場合、そこに大きな1棟を建てるより南北方向に短冊状の敷地に分け、それぞれ薄い羊羹のようなビルを複数建てた方が日影規制に影響される事なく建てられるのです。

アパホテル六本木計画の敷地は商業地域で日影規制がありませんが、日影規制には「日影が落ちる場所の用途地域に準じて規制される」という決まりがあり、北側の道路を挟んだ土地が第1種中高層地域の為日影規制がかかったのです。そこで1つの敷地を3つに分割することで1棟の建物では規制に引っかかってしまうものを3棟の薄い羊羹のようにするウル技が使われたのです。

News ①

地面師×積水ハウス

地面師ら8人逮捕

出国の男が主導か

不正登記未遂容疑

地面師事件の構図

積水ハウスの事件を巡る経緯

積水ハウス 取引急ぎ不審点見逃す

出典：東京新聞（2018年10月17日）

つまり…

五反田の廃旅館「海喜館」の土地をめぐり積水ハウスが63億円をだまし取られた巨額詐欺事件。主犯格の地面師はフィリピンで拘束。

〈解説〉

都心の土地が値上がりし続け、デベロッパー各社が血眼になって用地を探している昨今、山手線の駅前に600坪の手つかずの土地が買えるかもしれないと聞いたら、飛びつかないのは用地マンではない。そうして地面師の用意したなりすまし役とも知らずに契約、怪文書も無視して手付金どころか売買代金まで掠め取られてしまい、絶対本登記できない仮登記としてその名をむなしく刻んだ積水ハウス。まあ売上1兆円もあったら財布から60億位落っことしてもなんともないやろ、と何かと話題になりましたが、2018年に詐欺グループのメンバーが続々逮捕、主犯格もフィリピンで拘束されひとまず幕引きに。そんな海喜館、今年再び動きが。ライバルの旭化成不動産レジデンスが売買を仮登記したのです。しかも登記によれば契約は事件真っ最中の2017年と判明。担当者はどんな想いで報道を眺めていたのか、竣工するマンションの重説記載内容は？等々、今後も目が離せない物件です。

（PM君）

News ②

レオパレス×建築基準法違反

レオパレス1324棟不備

1万4443人 転居要請へ

賃貸住宅大手「レオパレス21」（本社・東京）は7日、全国に建てたアパートで、外壁や天井などで建築基準法の規定を満たしていない物件が計1324棟あったと発表した。このうち一部は耐火性能を満たしていない。同社は問題のあった物件を改修する期間中、最大1万4443人の入居者に引っ越しを要請する。〈関連記事29面〉

賃貸アパート 建材 基準未満

同社は昨年、施工不良の物件があることを公表し、全国に建てた3万9000棟余りを対象に調査を進めている。今回、発覚した問題の物件は全国33都府県にあり、1996年から2001年に建てられていた。

耐火性能を高めるため、建築基準法に基づき、天井は板を2枚張るよう定められている。だが、問題物件では1枚だったり、規定と異なる材料を使っていたりし、同法で定める耐火性能を満たしていなかった。

外壁は耐火基準を満たさない材料や方法で取り付けられていた。部屋を仕切る壁については、国の規定と異なる断熱材を使っていたため、防音性能が基準を満たしていない恐れがある。

特に天井に問題のあるアパートに住む7782人については危険性が高いとして速やかに引っ越すよう要請する。同社は「安全性が客観的に証明されていないので入居者には引っ越しをお願いしたい」（担当者）と説明している。引っ越しにかかる費用や敷金、礼金は同社が負担する。物件のオーナーへの家賃補償も行う。

同社の深山英世社長は7日、都内で開いた記者会見で、「居住者やオーナーにご迷惑をかけ、心よりおわび申し上げます」と謝罪した。自らの進退は「社外取締役に協議してもらう」と述べるにとどめた。原因については、工期を短くすることや、現場の作業員が使用する材料を誤解していたことなどを挙げた。

国土交通省は同社に対

記者会見で謝罪する深山社長（手前）ら（7日午後、東京都中野区で）

出典：読売新聞（2019年2月8日）

つまり…

元は建築基準法上必要だった「界壁」を施工していなかった事を発端に様々な不備が発覚。2万3千棟以上が建築基準法違反となっている。

〈解説〉

創業社長自らが「俺は特級建築士だ！」って言って法的な要件も確認せずに思いついたコストダウン方法をどんどん実行して行った結果、屋根裏も外壁も天井も違反状態になっちゃったんですが、特級建築士の試験には法規の科目無いのかな…？ 外部調査委員会の報告書では「法的な要件をチェックする部署が無かった」って言われてたけど外壁や界壁など防火に関わる部分は全て留めるビスの長さに至るまで事細かく決められて認定書になっているからそれと違う事をやろうとしたら一発でアウトだって誰も気づかなかったって言い訳にも読めるよね。剛腕の創業社長に誰も意見が言えなくてどんどん暴走していくってのはレオパレスに限らず、思い当たる会社多いんじゃないかな？ただ、法的にはアウトなんだけど、発泡ウレタン（断熱材）の粘着力を考慮して外壁を留める材料を少なくするって発想は感心する。全体の7割で不備が見つかって今まで半分ネタ的な扱いで言われてた「レオパレス伝説」が裏付けられる結果になっちゃった。

（お鯛）

ウル技 #67

土泥棒

—感謝すべき伝説の怪盗—

P：土泥棒！　……ってなに？（笑）。

お：これは先にレポートを読んでもらいましょう。

〈お鯛レポート③　よいこのけんちくきじゅんほう〉

「土地」と一口に言っても平たい土地ばかりではありません。土地を平たくするためには、土を削ったり載せたりする必要があるのですが、何も考えずにそんなことをしてしまうと地すべりやがけ崩れなどのリスクがある為、宅地造成等規制法では切土（1m以上）又は盛土（50㎝以上）もしくはその両方（合わせて1m以上）をする場合は、「開発許可」と言って安全に計画されているか役所の許可を取る必要があります。でも、これってすご～く時間がかかる。

投稿のウル技では、買い主が指定する地盤面まで土をスキ取ると、自治体が定めている切土の高さを超えてしまう為、土地の造成による「開発許可」及びその申請が必要となってしまう。という事で、審査の時間や検査の費用等で売買の利益が下がってしまうため、土泥棒が登場してしまったのだと思います。

開発許可の申請をちゃんとしてから切土するはずだったのに、泥棒に盗まれたんじゃしようがないですよね。うん。「地盤面」については他にもいろいろな物件で問題になっています。

例：クオス横浜六浦ヒルトップレジデンス

高さ制限10mの一種低層地域に崖下を使って地上3階地

令和の世にも活躍できるのか？ 土を盗む偉人

Unknown
Unknown

【土泥棒】
買主からの買受条件に「弊社の指定するGLまで土をスキ取ること」が載っているが、それをやると開発に該当。翌日現場に向かうと、すっかり土が取り除かれており社長に確認したところ「土泥棒に盗られた」「え？」「土泥棒に盗られた」土泥棒さん感謝してます

ツイート削除済のため不明

ツイート削除済のため不明

難易度	★★★★★
知名度	★★★★☆
応用度	★★★☆☆
被ダメージ	★★★★☆

ウル技度 **S**

ワハハハ
まぁ♥
この土は
いただいていくよ♪
土泥棒が泥をどこに持って行ったのか、
誰も知らない、知られちゃいけない…
はたして土泥棒とはどんな人達だったのか、知るよしもない

下3階の6層のマンションを建てるにあたって、がけ部分の地盤面を3ｍの反り建つ柱のように残して平均地盤面を上げる事で、高さ制限をクリアしたマンション。2016年に建築確認取り消しの判決が出るも、デベロッパー側が上告して翌年に逆転勝訴。

か：切土盛り土は面倒だから……。
全：元ツイートが消えている……。泥棒されたんかな（笑）。
か：やばすぎたのかな。
全：まあアウトですよね（笑）。
P：土はどこに捨てたんだろう。
か：残土処理困りますよね、産廃屋になんて言ったら持っていってもらえるんだろう。
全：きれいな土やったら貰うで？
か：別のウル技に転用（笑）。
P：合わせ技（笑）。

アウト ? セーフ

弁護士の見解

本当に土を盗まれたのであれば窃盗罪が成立しますので警察に被害届なり告訴状なりを提出するべきかと思います。窃盗犯が実在するなら、ですが。というかコメントを求められているのが全て犯罪についてなんですが不動産とは一体。
（GK全宅ツイ顧問弁護士／ノースライム）

ウル技
#68

コンプス偽装
—なにかを混ぜて平均賃料をあげよう—

【開発・建築編】

都合のいい数字をこっそり混ぜて社内決済をとるのだ

かずお君
@kazuo57

【コンプス偽装】
普通のオフィス開発なのに店舗やサービスオフィスの成約事例をこっそり混ぜる技。サービスオフィスがまだ世の中に認知されていない頃はよく使ったもんじゃ…。って公園で日向ぼっこしているおじいが言ってた。

午前8：22・2018年11月21日

6件のリツイート　21件のいいね

難易度	★★★☆☆	ウル技度 B
知名度	★★★☆☆	
応用度	★★★☆☆	
被ダメージ	★★★☆☆	

か：今となってはいにしえの技なんですが、リーマンショックの頃はみんなサービスオフィスとか知らなかったんですよ。だから（賃料の高い）サービスオフィスの事例をさも通常のオフィスのように混ぜ込んで、エリアの平均賃料を高く見せる。社内の偉い人に「このエリアいけまっせ」って説明するために。正確には、知ってたんだけど、買うために目をつぶってたという説もあります。

全：その頃は、（サービスオフィスと言えば）つかさのワンワンオフィスとかしかなかったか。

か：大規模なオフィスへのビルイン型はあったんだけど、一棟で開発する業者がちょこちょこ出てきてた。ビュレックスとか老舗だけど、V－S－Xとか。（懐かしくて社長の名前で検索したら、延々とブログで筋トレ情報流すマンになってた）。

全：シーキャピタルとかあったかな〜。あとリプラスとかか。

か：あった気がする。

P：そのあたりの賃料水準を持ってくるということですね。

か：そう、出始めでよくわからないから。ブランドも有名じゃないので、ちょっと混ぜといてもバレなかった。近隣事例の平均値がぐっと上がる。

P：ビジネスホテルのコンプスにこっそりカプセル入れるみたいな感じですか。

このあたりは
イイ感じですね
フーム
そうやな
良さげやね

ばれないように混ぜ込むのが仕入れマンの腕の見せ所

仕入れずにクビになるか 仕入れて会社がなくなるか

か：カプセルって言うより民泊混ぜ込む感じじゃないすか。

P：うははは。

全：結局、他の人と同じ賃料前提にしたらそら開発用地取得できへんわな。ということで、エキゾチックなテナント形態も流行りましたよね。パーティースペースとか、ショールーム的なのとか。

か：店舗なのか事務所なのか曖昧なのはありますよね。みんなも最前線のエキゾチックテナントガンガン探していこうぜ！

全：超絶稼働する前提なの？（笑）。

か：曖昧なのも全部ぶち込んで銀行に提出してたわ……。めんごです。

P：さっきのウル技もそうですけど、開発系はわりと社内向けですかね？

か：仕入れマンのお仕事は、半分社外、半分社内ですもんねー。

コンプス（Comps/Comparables）
評価対象物件と比較する売買や賃貸の類似事例のこと。本来は対象物件との類似性が重視されるべきだが、仕入れ担当がコンプスを集めるとなぜか近隣の類似物件の事例が見つからず似ても似つかない物件が採用されていることも多い。

ウル技 #69

住民スワップ

—小規模なら有効なNOI上昇法—

NOIの風速は瞬間的にだったら上げられる

あくにき
@Acq_niki

【住民スワップ】
PMや仲介にテキトーなこと言ってもらって、保有物件の住人にExitの近い物件への転居を促します。すると売買直前でNOIが上がって買主が買い上がってくれます。上場大手サブリース業者パレスもやってるらしいんでリーガルオピニオンもたぶん取れる。 午後11:15・2018年11月21日

3件のリツイート　5件のいいね

難易度	★★★★☆
知名度	★★★☆☆
応用度	★★★★☆
被ダメージ	★★★☆☆

ウル技度 B+

か：解説してもらっていいですか。

全：う〜ん、僕ちんけっこう稼働のいいビルしか買わなかったから、こういうの実は経験ないんですよね（笑）。

か：わははは。貴族自慢！

全：でもこれをやったとしてそんなに大規模にＮＯＩ変わるのかな。ＮＯＩが変わるぐらい賃借人たちを動かせられるのかな。

か：おんぼろアパート４戸とかの想定ですかね。

全：この書きぶりだと大規模っぽい感じですけどね。

P：うーん。オフィスではまずないと思います。

か：でも、すみふとか、無茶苦茶テナントグリップしてて自社ビル内でぐるぐる移転させるやん！

全：他のビル行くって言うとごりごり敷金削られるやつ（笑）。

か：退去する時はめちゃくちゃ原状回復費取られる（笑）。

P：すみふって入る時安いんですよ。

か：そうそう。有望なベンチャー入れて、長くしゃぶる。

P：フリーレントに内装費まで出すとか聞いたことあります。

か：テナント見る目あるよね。

他に入れないテナントは抜けない!?

全：住友のビルから住友のビルへなら優しいんですってね。普通のビルオーナーが敬遠するテナントでも賃料払え

甘い言葉で動かされ　見栄えの良い数字のために利用される

どこからどこへ…お引越しには大人の理由があります

ば貸してくれる安心感ある。

P：敬遠するテナント……エロ系とか？

か：六本木グランドタワー（笑）。

全：わはははは！

か：一度入ったら抜けられない住友蟻地獄。

全：さすがＮＯ．１。

P：都内オフィスビル２２０棟超！

か：ついこの前２００棟の記念バッジ作ってた気がするのに。勢いすごい。

P：テナントの囲い込みができるのもビルの数あってこそなんですよね。そのへんのビルオーナーには真似しようと思ってもできない。でもテナントが丸の内に移転したいって言い出したらどうするんだろう。

全：それはもう、新築そっくりに原状回復させて、入居した時のアレとかアレをアレして……。

P：なるほど……。だから「二度と入らない」って言うテナントもいるんですね。

か：危ない空気なんで次行きましょう。

【開発・建築編】

ウル技 #70

完了検査ワープ
―オプションは検査後工事で―

全：最近は銀行も厳しいし、完了検査受ける割合増えてきましたけど、ちょっと前は受けないのが当たり前でしたよね？

お：新卒で入った会社は「完了検査は任意だから…」って教わりました。

全：昭和築の投資物件、検査済証ないの普通ですもんね……。だいたい建てますいうたら役所が図面チェックするのに。ほんまにその図面通りに適法に建てられてるか？　の検査が任意なのはどうなん（笑）。

お：まあ、任意じゃなくて強制なんですけどね。建築基準法出来た時から……。正直完成したところ見に来て10分くらいふんふんって見ただけで何がわかるの？　とも思います。完了検査しても何千棟もレオ◯レス見逃しとるやんけ！　って話ですね。

全：だいたい検査して検査済証もらったあとに、自転車置き場の屋根つけたり駐車場を店舗にしたりしてるんやから建物竣工後は毎年２回、設計士が「竣工後検査」すべきって。

お：まぁ完了検査厳格化したら2期工事が増えましたよね。

全：めっちゃ現地で増築してるのに検査済証ありってだけで銀行ローン出すもんね。お鯛さんの体感で東京の建物で遵法性違反してないのって何割ぐらいですか？　ふるいのからあたらしいのまで。

お：検査後の工事入れたらほとんど無くなっちゃうんじゃないかな……。それでも物件は廻ってるんです（笑）。

検査済
含まれないもの
二期工事

おしゃべりゴリラbot
@oshaberi_gorira

【完了検査ワープ】
完了検査土管に進まず迂回するとワープゾーンの土管がある。ほんの20年前は半分以上の人がこのワープゾーン使ってたんだよね。

午前7：44 · 2018年11月21日

23件のリツイート　31件のいいね

難易度	★★★★☆
知名度	★★★☆☆
応用度	★★★★☆
被ダメージ	★★★★☆

ウル技度 **A**

ウル技
#71

お片付け法
―大人なら整理整頓を―

か：飲食ビルの非常階段ですね。生ビールの樽とか、使ってない椅子とか、脚立とか（笑）。

全：おしぼりとかもね（笑）。そもそも、そこ貸してないのにね。

か：そういえば、従業員の喫煙所になってること多いですよね。

飲食店 非常階段 貸してない

Unknown
Unknown

【お片付け法】
ERで現地内覧に行くと、特に商業店舗は消防法を守らず避難経路に物を置いているケースが多数ある。このままだと指摘事項が出て物件取得が出来ない。その際はテナント様にご迷惑をかけないよう、我々で物を動かし一旦避難経路を綺麗にして写真を撮り解決。その後すぐに物を戻すのだ！

ツイート削除済のため不明

ツイート削除済のため不明

難易度	★★★☆☆
知名度	★★★☆☆
応用度	★★★★☆
被ダメージ	★★★★☆

ウル技度 B+

P：非常用エレベーターの附室を納品場所にしてるテナントいますよ。置くなって。野菜とかワインとかさぁ！

か：だって問屋に鍵預けるの不安やん……。

P：店に誰かいればいいんですよ。

か：朝まで働いたら昼過ぎまでは寝てたいやん……。まあ、だいたいそういう店のご飯は美味しくないんですけどね。（大家さん、すみませんでした）。

P：ちなみに六本木のSクラスビルはバックヤードが超充実してて、共用部への納品放置はなかったです。すごかった。

か：すげー、さすがの配慮。

全：確かにでっかいビルの飲食店はモノ置いてないかも。

か：20坪のペンシルソシアルビルでしか働いたことないので、そういう配慮する心の余裕なかった……。

P：写真撮るときに片づけられるレベルならいいかもしれないですね。

か：飲食店の皆さん、非常階段は貸床じゃないんだからね！　認識してね（笑）。大家さん売る時に困っちゃうんだよ！

【開発・建築編】

ウル技 #72

4号特例

―「木造戸建ては審査しないよ」―

全：これって、いまもそうなんですか？

お：そうですね。４号建築物（木造２階建て以下）は件数が膨大なので審査を簡素化するため構造や居室の検討など審査しないってなってます。

全：ほな、ほんとうは「納戸」が「居室」ってなってんのが、はびこってるんですかね？

構造計算はしないのではなく楽な検討方法がある

おしゃべりゴリラbot
@oshaberi_gorira

【4号特例】
建築士が設計した一定規模の建物は建築確認で一部の法令の審査はスルーできる。あくまで審査されないだけで法適合はさせる必要はあるけどおじいちゃん建築士なんかは「木造2階建ては構造計算しなくていい」なんてまだ言う人も。もう10年くらい廃止されるって言われ続けてる。
午前7:45・2018年11月21日

23件のリツイート　33件のいいね

難易度	★★★★☆
知名度	★★★★☆
応用度	★★☆☆☆
被ダメージ	★★★★☆

ウル技度 C

お：審査はしなくてもいいんですが法適合は求められるので本来はちゃんと検討しないといけないんですが。構造の検討をやってないとかは２階建てだとよくあります。

全：「居室」が「納戸」はまぁって感じがしますが、構造はいややね。

お：まぁよっぽど境界ギリギリじゃないとアウトにはなること少ないですが。そもそも構造計算は手間もお金もかかるから、「壁量計算」っていう根拠の薄い計算でいいよってなってるのにそれもしないでいいって思ってるおじいちゃん建築士はまだまだいますね。「居室」の検討は採光、換気、排煙とあるんですが採光と排煙がよくアウトになります。まぁアウトになっても「納戸」や！ って言えばいいんですけど（笑）。そもそも建築基準法が●ーぷん●うすの敷地の有効空き３００㎜の３階建てを想定してないってのはありますが（笑）。で「４号特例は廃止するで！」って国交省ももう何年も言ってるんですがなかなか実行はされてないですね。実際はおじいちゃん建築士より膨大な数やってるハウスメーカーとかパワービルダーの反発が大きいみたいですね。数多いと大変ですもんね。

ウル技
#73

測量ガチャ

―あきらめずにレアを目指したい―

P：測量リセマラ。

か：「こんなことあるのかな……」って思った貴方。あるんです！

全：あるね。用途境の線が敷地のどこに有るかとか、特定道路からの距離とか。容積率にもろ影響しちゃうやつ（笑）。あと少しズレていれば！　っていうことぜったいある。

P：あー、用途境は痺れますねー。けっこう容積率にクリティカルに響くものは一生懸命測量する（笑）。役所がそれを再度測量したりはしないので、諦めないって大事ですよね。

全：要するに測量したらこうなりましたっていう事実が大事。その結果が出るまで何度でも繰り返しアタックするのが必勝法（笑）。

しばきしばかれガチャは回る…

か：これも賃料と同じく、測量士さんの後ろに立って「もっと頑張れ！いけるだろ！」って言ったりするのかな？（笑）。

全：ぼくがしばいた設計士が測量士をしばいていると思います。

か：「あと10㎡だ！　お前ならできる！」とか？（笑）。

全：しばきのながしそうめん（笑）。デべってあらゆる関係者をしばいてますね。

P：ひどいな。

か：お金出してリスク取る人だから、当然だよ。

チャレンジすればするほど欲しい数値に近づいていく

表面3%
@gross3per

【測量ガチャ】
土地面積の測量方法の変化に伴い改めて境界確定したらギリギリ容積オーバーになってしまった…！大丈夫。測量には誤差があり毎回微妙に面積が変わります。納得する数値がでるまで測量し続けましょう。

午前10：39・2018年11月21日

8件のリツイート　24件のいいね

難易度	★★★★★
知名度	★★★★☆
応用度	★★★☆☆
被ダメージ	★★★★★

ウル技度 A

【開発・建築編】

ウル技 #74

車庫無限アップ

—車庫じゃないったら車庫じゃない—

全：あとで白線かくひといますわな（笑）いわゆる検査後工事っしょ（笑）。どうせ住みだしたら、そこに車とめるやろうと。でも、世の中にはいっぱい、屋根の下においた車の横通って家入る家ありますよね（笑）。あれってだいたいアウトなんですね（笑）。

お：こういうのがやり過ぎた例ですね（笑）。

検査後に引いた白線はあくまでデザインです！

おしゃべりゴリラbot
@oshaberi_gorira

【車庫無限アップ】
建物の床を持ち上げて歩行の用途のみに使うピロティは容積対象の床面積から除外できる。もう一度言うけど「歩行の用途のみ」だからたとえ自動車が停めやすそうな空間があったり白線が書かれてても停めちゃダメだよ！ 午前11:56・2018年11月21日

177件のリツイート　373件のいいね

難易度	★★★★☆
知名度	★★★★★
応用度	★★★☆☆
被ダメージ	★★★★☆

ウル技度 A

全：けっこうありますよね、これ。牟礼とかのあたりにけっこうある。

お：有名な建築家の作品でもあった（笑）。

全：車停めたらアカンのやったら、そもそもピロティなんであるのか、そんな深遠な疑問が湧いてきます。

お：人が通る為にあるんです！

全：（笑）。かまくらかなんかで僕が見たやつもそんなんじゃなかったっけ？　お鯛さんに有名建築ですよ！　って言われたやつ。めっちゃキャンティレバーなやつ（笑）。

お：有名建築家の作品ですね。

か：明らかに車置くこと想定してるやろ！

お：まぁ一個前の話とも絡みますが、建築確認って作業はあくまでも書類審査が原則なので、実際がどう使われるかどうなってるかは考えないのが原則なんですね。設計者がこうですって言ってきたものについて違うんじゃない？　って言ったら見逃した時に行政の責任になりますからね。だから建築確認は人の敷地だろうと、

肝心なのは、その用途が
何であるかという建前である
超アーティスティックなピロティーです♪
てへペロ
車が停めやすいように見えるだけで用途は通行とか

実際の権利関係とは違う敷地の設定だろうと通るのは通るんですよ。

全：やっぱりあくまで書面やと（笑）。

か：素晴らしいオチがついたので、ここらへんでお開きにしようと思います。皆さん、最後に一言ずつ、なにか読者にお願いします。

全：みなさんが普段何気なく歩いてる街にあるすべての建物は、デベロッパーがたくさんの関係者をしばいて、しばいて、しばいて、そしてときどき、しばかれながら、何度も何度もまわしたガチャで、やっと引き当てたSSレア。そのことを時々でいいんで思い出してください。デベロッパーにしばかれて、しばかれている内に建築基準法の法文の行間に花咲くウル技は設計者の血と汗と涙の結晶なんです。

お：売買仲介編はウル技の相手に顧客が多かったんですけど、開発編は社内に向けて発動することが多いんですね。まちづくりには関係者が多く時間もかかることからか、「諦めない心」を反映したウル技が目立っていたと思います。これからも諦めない心を持って人に街に未来に貢献していきたいですね〜。

プロが語る真実と忠告と罵詈雑言を傾聴せよ

『全宅ツイ』幹部が直球回答する10問10答

開発・建築編

Q.1 真っ白な「建築計画のお知らせ」をたまに見かけるのですが…どういうことなのですか？

建築主の住所、氏名、電話番号まで衆目に晒すのは個人情報保護が叫ばれる昨今**とてもナンセンス**。個人の施主の場合、役所に出す標識設置届の写真をパシャリと撮った瞬間テプラで貼った表示が「**不慮の事故**」で**剥がれてしまう**ことがあります。

（匿名建築士O）

Q.2 買った土地から骨が出てきたらどうしましょう？

大丈夫、それは動物の骨です。**そっちはお茶碗の破片です**。いや、ちょっと古いけどお茶碗の破片には違いないでしょ？　あー、だから埋蔵文化財係に連絡しなくていいって！　**なぁ！　なぁて！　やめろや！**

（匿名建築士O）

Q.3 「開発」にまつわる、本編に書けなかったとっておきの話を聞かせてください

とっておきの話はないんだけど、ビルを立てようと空き地を買ったら、こっちの空き地の上空まで隣のビルの屋上にアンテナが生えてきて、ビル建てるの困ったり、どうしても押してくれない**はんこを6000万円で押してくれる優しい人の話**とかはあるよ。聞きたかったら僕が経営してる麻布十番の #bar中間省略 に来てね！　（全宅ツイのグル）

Q.4 大手でも建築基準法違反があるけど、どうしてですか？

建築基準法ってスゴい幅広いところを網羅する必要があって、その為には建築基準法だけじゃ足らなくて、基準法施行令、施行規則、国土交通省告示、都道府県条例、その他関係法令と当たらなきゃいけない法律が無数にあるんですよ。

そしてその膨大な協議を終えて、確認申請下ろしても**周辺住民が騒いできて変な弁護士がでてきてアクロバットな主張**から建築審査会のお気持ちで建築基準法違反にされることがあるんですよ！　キー〇トーン先生方、**お歳暮の送り先教えて下さい。**（匿名建築士〇）

Q.5 立ち退きを断ると怖い人が来るって都市伝説ですか？

都市伝説だよ！むかし六本木のマンション１棟を開発用地として買うのに、現地へ立ち退き完了の確認へ行った時、黒塗りの車に乗った**売主ではないスーツ来た人たちがいっぱい**来て鍵とか開けてくれて建物の中見せてくれたけど、**都市伝説だよ！**　（全宅ツイのグル）

Q.6 近所に珍妙な形の家があるんですが、ただのデザイン？ 何か隠された意図があるんですか？

まぁ珍妙なデザインのほとんどは**建築家のエゴを煮出したもの**なんだけど、一つ言える事は全ての建築物は建築基準法に則って建っていると言うこと。もし貴方が街で迷子になってしまったら○ーぷん○はうすのペンシル戸建てを探しましょう。**3階部分がズバって切られてる方角が北です！**もう迷わない！

（匿名建築士O）

Q.7 リフォーム番組とか見てて「おーい」って思うことはありますか？

「某○フォー○フター」に出てくる**匠の技ってスゴい**ですよね！　根拠なんて殆ど無いような匠オリジナル耐震補強とか…「**実際に何かあったときどうするんだろ？**」っていつも思ってます。もしかして一流の匠しか入ることを許されない思いつき耐震補強でも保障してもらえる「**匠専用賠償責任保険**」とかあるのかな？　是非入りたいんですが…。

（匿名建築士O）

Q.8 4号特例みたいなのって他にもありますか？

強いていうなら大手ハウスメーカーが使う「**型式認定**」とかかな？型式認定っていうのは年間何千棟もやるような大手メーカーがこの認定受けた一定の形式なら１棟毎には構造計算とか一部の建築確認の審査が要らないことになる制度。その型式認定と少し違っちゃってたから、今日も○イワ○ウスさんは**床下に潜って基礎作り直ししてるよ**！

（匿名建築士O）

Q.9 自分で建てた物件に行ったり家族にみせたりしますか？

見せますね。やっぱり**家族は自分を一番近くで支えてくれる存在です。**その支えがあって初めて出来上がったものは見てもらいたい。休日に「ランチデートでも行こう」って連れ出して現場の進捗確認したり、台風が来たからずぶ濡れになりながら足場登ってシート捲ってもらったり、職場放棄して逃げた塗装屋さんの代わりに引き渡し前日**徹夜で床のオイル塗ってもらったり**、本当に支えて貰って…いや、本当にありがとうございます…。

（匿名建築士O）

見せます。作った物件に息子を連れてって「この物件はお前が生まれた頃に父ちゃんが作ったんだよ」って見せたりしました。でかい建物は迫力あるから、子供は感動してくれますね。**子どもたちに誇れるしごとを**。建築費が火を噴いて見えないところで**すごいコストダウン**したのは内緒です。

（かずお君）

Q.10 ぶっちゃけ、違法建築に関わったことある？

全て建築物は膨大な法令と厳しい審査とを経て適法と判断されないと建てる事は出来ません。なので違法建築はそうそう出来ません。**時々5階建てが7階建てになっちゃったマンション**とか出てくるけどそれは施主の欲望と建築士の倫理感が暴走しちゃった本当に超レアケース。ただし、建築関係法令は**その行間に膨大な解釈の余地が残されていて、審査するのも人間**。審査機関Aがダメと言ったからといって審査機関Bもダメと言うとは限らないと言うことは書き添えておきます。

（匿名建築士O）

違法建築ではないんですが、**地下の倉庫スペースに誤って飲食店舗をつけてしまったこと**はあります。倉庫スペースなのに給排水と換気までしっかりついてたから勘違いしちゃった。**めんごめんご。**

（かずお君）

あとがきに代えて

さて、74の大技林はいかがだっただろうか。

この度、全宅ツイによる書籍が、本書を含め6冊同時刊行された。つべこべ言わず6冊同時にご購入いただけるものと信じているが、経済的な事情により一括購入できない方、少しずつ買いたいという方に向けて他5冊のガイドを製作した。参考にしてほしい（お知り合いに購入を薦めるために、本書についても記載する）。

1

（ぜったい宅建には出ないけど）勉強になる

「宅建出るで」

宅建の勉強だけではわからない、
現場に出たら直面する全50問。
ときに正解がない難問に全宅ツイの
4人がボロボロになるまで挑んだ。

2

十年後の給料に差がつく（かも）

「不動産就活2.0」

現役不動産屋が、就活前に
欲しかった！と叫びながらまとめた就活本。
キミたちが不動産業界に
やってくる日を待ってるよ！

※全てベストセラーズ刊／10月12日発売1,500円＋税
※本ページの画像は全て制作中のものであり、
実際の商品とは異なる可能性があります。

つらさを共有したい不動産営業マンへ

「不動産営業マンはつらいよ」

就職してみたら、つらいんだけど…
というあなたに送る活字のデパス。
大丈夫。お前よりつらいやつに会いに行こう。

3

4

倒産の気配…。自分だけ助かりたい!

「実況! 会社つぶれる」

倒産童貞を捨てたパイセン達による
学校では教えてくれないリアル。
会社はつぶれる。お前は生きろ。

5

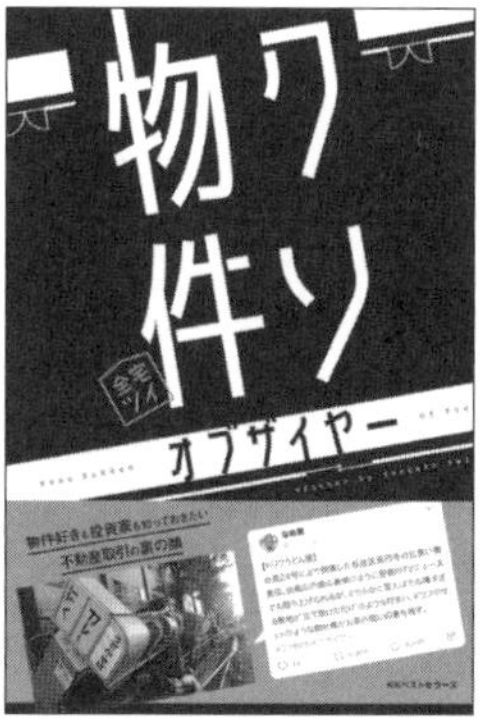

歴代の名クソ物件が一冊に!

「クソ物件オブザイヤー」

毎年開催される不動産業界の奇祭、
クソ物件オブザイヤーが本になった!
貴方の物件、この本買わないと
来年エントリーさせちゃうよ。

6

手っ取り早くカネになる(けど捕まる)

「不動産大技林」

とにかく稼ぎたい不動産マン!
大技林させたくない経営者!
一般の方も本書で不動産屋の手口を学んで、
安全な不動産取引にご活用ください。

表 題 部（土地の表示）	余白
書名	業界《ぎょうかい》で噂《うわさ》の劇薬《げきやく》裏《うら》技集《わざしゅう》 不《ふ》動産《どうさん》大《だい》技《ぎ》林《りん》
2019年10月25日 初版第1刷発行	
著者	全宅ツイ（ぜんたくつい） 全国宅地建物取引ツイッタラー協会。数百億円の不動産を取引する不動産ファンドの社員から、ルノアールにたむろする無免許ブローカーまでを会員に擁する、不動産業界最大のツイッター集団。業界の裏事情から社会風刺まで、歯に衣着せぬつぶやきで人気を集めている。その保有資産、預り資産、グリップ資産の合計は20兆円を超えると言われている。

発行者	小川真輔	印刷所	近代美術	製本所	ナショナル製本

発行所	KKベストセラーズ	〒171－0021 東京都豊島区西池袋5-26-19 陸王西池袋ビル4階 電話 03-5926-5322（営業） 03-5926-6262（編集） https://www.kk-bestsellers.com/

デザイン 長久雅行	イラスト アカハナドラゴン	編集協力 OFFICE-SANGA
カバー・本文地図 Maria Kazanova-stock.adobe.com		

権 利 部（甲 区）　（所有権に関する事項）

順位番号	登記の目的	受付年月日・受付番号	権利者その他の事項
1			
2			
3			

権 利 部（乙 区）　（所有権以外の権利に関する事項）

順位番号	登記の目的	受付年月日・受付番号	権利者その他の事項
1			
2			
3			